KB251459

경쟁을 뛰어넘는 체대 입시의 비법,
강력한 합격의 공식을 적용하라

체대학종의 정석

경쟁을 뛰어넘는 체대 입시의 비법,
강력한 합격의 공식을 적용하라

체대학종의 정석

초판 1쇄 인쇄 2026년 3월 12일
초판 1쇄 발행 2026년 3월 30일

지은이 주장종 김민중

발행인 백유미 조영석

발행처 (주)라온아시아
주소 서울특별시 방배로 180 스파크플러스 3F

등록 2016년 7월 5일 제 2016-000141호
전화 070-7600-8230 **팩스** 070-4754-2473

값 19,500원
ISBN 979-11-6958-243-8 (13370)

라온북은 독자 여러분의 소중한 원고를 기다리고 있습니다. (raonbook@raonasia.co.kr)

ENTRANCE

체대학종의 정석

EXAM

주장종 · 김민중 지음

RAON
BOOK

RAON
BOOK

지금 당장
이 책을 봐야 하는 이유

나는 어렸을 때부터 체육을 굉장히 좋아하던 학생이었다. 유치원 시절부터 부모님은 나를 그 당시에 유행하던 피아노 학원과 미술 학원, 태권도 학원 등에 두루 보내면서 아이가 원하는 바가 무엇이었는지를 파악하셨지만, 결국에 끝까지 재밌게 다녔던 학원은 오직 태권도 학원뿐이었다. 사실 태권도 자체에 대한 흥미보다도 그 안에서 아이들과 뛰어놀고 수요일에 진행하는 미니게임을 그렇게 즐겨 했던 것 같다.

이후 초등학교로 넘어가면서 유소년 축구클럽을 굉장히 열심히 다녔던 기억이 있다. 중학교 진학과 동시에 농구에 빠져서 결국 농구로 학생 선수의 길을 갔다가 은퇴 후 바로 체대 입시를 준비하여 체육대학에 진학하였다. 재수까지 겸해서 말이다.

체대 입시 컨설턴트로 있다 보면 체대 진학에 관심 있는 학생들을 1년에도 수백 명 가까이 만난다. 그들의 이야기를 들어보면 각양각색의 과거가 있고 앞으로의 꿈이 있다. 그중 어렸을 때부터 나처럼 체육에 흥미가 있고 체육을 좋아하여 마음속에만 품고 있다가 늦게 이야기를 꺼내고 진로를 정하게 되어 체대 진학 준비 시기를 놓치게 된 친구들도 많다. 또한 학생 선수로서의 꿈을 정진하다가 불의의 부상으로 인해, 혹은 다양한 이유로 다시 새로운 꿈을 찾아야만 하는 아이들도 있다. 그런 아이들을 위해서, 그런 아이들의 학부모님들을 위해 이 책을 준비했다.

진학의 방향은 일찍 시작할수록 남들보다 준비가 철저하다. 이 책을 보고 있는 아이들, 그리고 학부모님 중에 누군가는 본인, 혹은 자녀의 체대 진학에 관심이 있고, 누군가는 체대 진학을 결정한 뒤 구체적으로 어떻게 진학하는지 그 방법에 대해서 궁금한 독자도 있을 것이다.

이 책은 컨설팅과 입시에 대한 진학 방향을 고민하다가 시기를 놓쳐서 컨설팅 이후 '1년만 일찍 올 걸, 6개월만 일찍 올걸, 아니 1주일만 일찍 왔더라면….' 하는 분들을 위해 집필되었다.

내용 안에서는 '도대체 왜 체대인가', '왜 체대로 가야만 하는가'부터 '체대학종이 무엇인지', '체대학종으로 가기 위한 실전적인 방법은 어떤 것이 있는지', '생활기록부를 챙기는 구체적인 방법' 등등 여러분들이 체육대학 학생부종합전형(체대학종)과 체대 진학에 대한 전문가가 될 수 있을 만한 모든 내용을 수록하였다! 근 3년간 주요 대학 체대학종 합격생 265명, 그리고 2026학년도 입시 기준 131명의 합격생을 만들어 낸 노하우를 모두 담아냈다.

국내 유일의 체대학종 컨설턴트로서 체대학종은 수험생으로서 준비할 만한 가치가 충분하게 차고 넘침을 자신감 있게 공언한다. 그리고 부디 이 책을 통해서 여러분들이 체대학종 분야의 전문가가 될 수 있길 바라면서 이 글을 마친다.

by 장종쌤(주장종)

4년의 기다림, '체대학종'은 선택이 아닌 필수입니다.

안녕하세요. 김민중 선생님(민중쌤)입니다.

저는 지난 23년 동안 오직 '체대 입시'라는 외길 인생을 걸으며, 그 본질이 무엇인가를 연구해 왔습니다. 그 과정에 2017년과 2018년, 《체대 입시 트렌드》 시리즈를 통해 체대 입시에 명확한 방향을 제시했던 것을 시작으로, 2021년에는 《체대 입시의 신》으로 체대 입시의 본질을 꿰뚫고, 2022년 《체대학종의 비밀》을 통해 체육대학 학생부종합전형을 준비하는 수험생들에게 체대학종의 진정한 방향과 합격의 길을 열어준 지 어느덧 4년이 흘렀습니다.

그 사이, 입시의 지형도는 완전히 바뀌었습니다. 우리가 평소 단순하게 알고 있던 체대 입시의 합격 지형이 뒤집힌 '전환기'에 접어든 것입니다. 2028년도 대입 개편안(11차 교육과정)의 발표로 오랫동안 유지해 왔던 내신은 '9등급제'에서 '5등급제'로 전환했고,

설왕설래 하던 '고교학점제'가 이제는 전면 실시되었습니다. 수능 또한 선택과목을 폐지하고 통합형 수능으로 개편하여 수능의 변별력을 가늠하기 어려운 상황이 되었습니다.

이러한 전환기를 맞이하면서, 이제 대학은 '숫자'보다는 학생의 '성장'과 '가능성'에 집중하기 시작했습니다. 그 결과, 학생부종합전형의 핵심인 학교생활기록부는 '상향 평준화'되었고 앞으로도 그 경향은 더 강화될 것입니다. 웬만한 활동으로는 높아진 대학의 눈높이를 맞추기가 어려워졌고, 저 또한 지난 4년 이상의 합격 전략 공식을 재정립해야 했습니다. 이처럼 새로운 전환을 맞이하는 입시의 격변기는 저에게도 완전히 달라진 학종 생태계에서 아이들을 성공적인 합격으로 이끌 '새로운 합격 공식의 정석'을 정립하는 시간이었습니다. 그리고 저는 더 강력하고, 정확한 합격 전략에 대한 확신을 가지고 이 책,《체대학종의 정석》을 내놓았습니다.

지금도 많은 학생, 학부모님이 제게 질문을 던집니다.

"체대학종, 우리 아이도 가능할까요?"

저는 명확하게 답변합니다.

"고민의 문제가 아닙니다. 체대학종은 선택이 아닌 필수입니다."

상위권 대학일수록 학교생활기록부의 '질적 평가'와 '면접'의 비중을 높이고 있습니다. 단순히 운동만 잘하는 학생이 아니라, '체육'을 나만의 가치로 재해석하여 자신만의 진로로 설계하고 나아갈 수 있는 '인재'임을 끊임없이 증명해야 합니다.

이제 이 책을 통해 우리 부모님들께서는 자녀의 잠재력을 일깨우는 계기로 삼으시길 바랍니다. 더불어 우리 학생들은 명문 체육대학 합격의 승리자가 되길 기원합니다.

마지막으로, 이 책이 여러분께 공개하기까지 학종의 현장에서 밤낮없이 뛰면서 집필에 최선을 다해 준 〈학종패스〉의 주장종 선생님께 깊은 감사를 전합니다. 대한민국 체대학종의 1타 컨설턴트로서 주장종 선생님의 열정이 없었다면 이《체대학종의 정석》은 세상에 빛을 보지 못했을 것입니다. 최고의 파트너와 함께하면서 앞으로 이 책에 소개되는 수많은 성공의 증거와 기록이 체대학종을 준비하는 수험생들에게 합격의 길로 이끄는 한 줄기 빛이 되리라 믿습니다.

by 민중쌤(김민중)

1장

체대학종, 99%의 수험생은 모르는 입시 성공의 치트키!

3장

적중률 100%, 체육을 좋아하는 아이의 생활기록부, 비교과는 이렇게 채워라

4장

세특 원포인트 레슨, 세특은 이렇게 채워야 한다!!

5장

체대학종 면접, 기적은 없다.
정석만 있을 뿐이다

6장

진짜 체대에 입학하고 싶은가
– "나도 학종으로 갈 수 있을까?"

1장

체대학종,
99%의 수험생은 모르는
입시 성공의 치트키!

체대학종이
기회다

　체육대학 입시를 실기와 수능으로만 결정짓는 시대는 종언을 고했다. 대학에 진학하는 방법은 이제 그 대학의 입학처장도 정확히 알 수 없을 정도로 다양해졌다. 결국에는 얼마나 양질의 정보를 파악하고 수집하느냐가 대한민국의 입시 현장에서 우리 아이의 대학을 결정하는 관건이 되었다.

　하지만 해마다 입시의 흐름은 바뀌고 있으며 그에 대한 정보를 파악하는 주체인 학부모님들의 시간은 더더욱 부족해지는 실정이다. 이렇게 빠르게 급변하는 '분초사회'에서 우리는 어떠한 정보를 수집하고 믿어야 할까? 결국, 대한민국의 입시 또한 거시적인 흐름 속에서 살펴봐야 한다. 그리고 이와 같은 입시의 트렌드에서 체육대학 입시 또한 예외가 아니다.

　많은 사람들이 미래가 앞으로 어떻게 흘러갈지 예측하지 못한다. 시대가 변하는 속도가 우리가 하는 생각의 속도보다 빠르게 움직이고 있다. AI 빅테크 기업의 성장 추세가 가파르다. 2025년 11월 기준 미국 상장기업의 시가 총액 TOP 5위를 살펴보면 엔비디아, 애플, 마이크로소프트, 알파벳(구글), 아마존의 순으로 높은 것을 알 수 있다. 이처럼 기술 중심의 빅테크 기업이 세계 최대 규모의 주식을 움직이며 우리의 삶을 주도한다.

세계 최고 부자로 알려진 일론 머스크는 최근에 사람처럼 춤을 추는 휴머노이드 로봇인 옵티머스(Optimus)를 공개했으며 주변의 카페 어느 곳에 가봐도 사람이 아니라 기계(Kiosk)가 대신 주문을 받는다. 식당에 가도 이전과는 달리 사람 대신 '벨라'라고 하는 로봇이 대신 음식을 가져다주고 있다.

그렇다. 2016년 1월 스위스 다보스에서 열린 세계경제포럼 연차총회, 이른바 다보스포럼에서 공식적으로 4차 산업혁명의 도래를 선언한 이후, AI와 로봇의 시대에서 인간이 설 자리는 점차 없어지고 있다. 이렇게 급변하는 사회 속에서 인간은 어떤 산업에서 자신의 존재감과 역할을 유지할 수 있을까? 이런 불확실성이 주는 불안감이 현대사회에 만연해 있다. 이런 상황에서 10년 뒤, 우리 아이들의 미래는 과연 어떤 방식으로 흘러갈까?

대한민국의 GDP가 일정 소득분위 이상을 넘나들며 사람들은 자신의 건강을 넘어 삶의 질을 추구하는 이른바 '웰니스'를 추구하기 시작했다. 초연결 사회 안에서 SNS를 통해 자신의 건강함을 뽐낸다. 런닝이 대세가 됐으며 자신의 건강관리를 위해 PT(Personal

Training)는 기본으로 받는 세상이다.

소파에 앉아서 리모컨으로 손가락만 움직이면 볼 수 있는 스포츠 경기를 비행기 표를 구매해 해외로 넘어가서 실제로 해당 경기와 선수들을 직접 관람하는 것에 비용을 아끼지 않는다. 심지어 E-sports 경기조차도 실제 게임 캐릭터를 움직이는 선수를 보기 위해 이른바 '직관'을 하며 같은 팀을 응원하는 팬들과 승패의 희비를 함께한다.

사람들은 화면 속 간접 체험이나 기계가 주는 편리함이 아닌, 사람이 주는 희열감과 생생함을 직접 보기 위해 큰 비용을 기꺼이 투자하고 있다. 많은 산업이 기계와 AI에 대체되고 있는 상황 속에서 스포츠와 엔터산업은 AI 및 기계와 더욱더 차별화된 서비스를 제공하며, 사람들은 그곳에 돈을 쓴다.

하지만 저자는 감히 말할 수 있다. 10년 후, 많은 산업이 사라지더라도 체육은 굳건할 거라고.

'왜 체육대학인가?'

나는 연간 500명에 달하는 학생들과 학부모님들을 대상으로 컨설팅을 진행하고 있다. 십수 년 전 저자가 소위 '체대입시' 학원을 찾아가 상담을 받았을 때와는 달리, 요즘 컨설팅 현장에서는 상당히 다른 이야기들이 오고 간다. 필자가 대학에 진학할 당시 학부모님들과 아이들은 직업보다는 학교에 대해서 먼저 생각했다. 당시 한국의 입시에서는 진로보다 진학이 우선이었다. 대학만 졸업하면 뭐든지 할 수 있을 줄 아는 시대였다.

하지만 시대가 많이 바뀌었다. 요즘 학부모들은 아이의 10년 후를 미리 생각한다. 진로가 확실한 대학이 없다면 보내지 않는다고 얘기한다. 차라리 그 돈으로 주식에 투자하는 것이 어떠냐고 아이에게 먼저 권한다. 지방대학보다는 확실한 결과를 낼 수 있는 주요 대학 위주의 입시 진학을 바란다. 이러한 입시 변화의 흐름 속에서 체육대학은 운동을 좋아하는 아이들에게 주요 대학으로 진학할 수 있는 가장 좋은 기회이다. 또한 체육은 미래를 위한 투자가치가 있다. 10년 후의 체육은 소외되고 있는 인간 사회 속에 사람들의 열정을 불러일으키는 데에 충분한 매력을 지니고 있다. 사람의 체온을 느낄 수 있는 산업 분야이며, AI와는 별개로 돈을 쓰는 주체인 사람들의 소비를 불러일으킬 수 있는 확실한 시장이다.

이런 상황 속에서 체육대학에 입학할 수 있는 방법에는 어떤 것들이 있을까?

다양한 입시 평가 방식 속에서 더욱 주목되는 '체대학종'

주요 대학을 갈 수 있는 입시의 풀도 과거와는 상당히 많이 바뀌었다.

2027학년도와 2028학년도 입시 기준으로 주요 대학에서 학생부종합전형을 확대했으며 심지어 정시에서 평가하는 교과 영역에서도 생활기록부와 면접의 평가 비중을 올리는 추세다. 이러한 평가 방식은 결국 인간 대 인간으로서 소통할 수 있는 학생을 뽑겠다는 뜻이다.

코로나 시대를 겪으며 사람들 간의 대면적 의사소통에 익숙하지 못한 세대들이 탄생했다. 오프라인보다 온라인이 익숙한 시대가 되었다. 하지만 체육을 좋아하는 아이들은 아이들과 언어적 의사소통을 넘어 비언어적 의사소통을 한다. 서로 배려하며 협동하는 방법을 체육으로 배운다.

체육대학에 진학을 원하는 아이들에게는 아이들의 학교생활과 기본적인 인성 및 리더십을 요구하는 체육대학 학생부종합전형이 너무나 잘 들어맞는다!

또한 수능과 실기 위주의 정시 입시 전형에서 아이들은 좀 더 안정적으로 갈 수 있는 수시 전형으로 진학하기를 원한다. 하루의 컨디션과 상황, 그리고 그것이 주는 불안감 속에서 1년에 한 번 있는 수능에 모든 것을 맡기지 않고 과정 안에서 챙길 수 있는 안정적인 입시 전략을 원한다.

자신이 좋아하는 체육을 원 없이 펼쳐놓고 탐구할 수 있는 전형, 꿈을 펼칠 수 있는 전형, 대학에 가기 전에 미리 전공 경험을 쌓을 수 있는 전형. 바로 체대학종이 기회다.

정성평가의 의미를
정확히 알고 있는가?

학생부종합전형은 왜 수치상으로 판단하는 쉬운 정량평가를 마다하고 정성평가로서 아이들을 선발할까? 당연히 학교의 입맛에 맞춘 아이들을 뽑고 싶어서이다.

"학생들의 가능성과 자질은 사람들의 얼굴만큼이나 다양합니다. 따라서 하나의 정형화된 공식과 기계적인 수치는 학생의 다양한 능력을 모두 보여주지 못합니다. 학생이 속한 환경과 학업 동기, 학업에 대한 의지, 열정, 노력과 같은 요소들도 반영할 수 없습니다. 이러한 문제를 보완하기 위하여 도입한 종합적인 평가 제도가 바로 학생부종합전형입니다. 학생부종합전형은 수치로 계산된 성적만을 반영하지 않고, 지원자가 제출한 서류를 바탕으로 학업 역량뿐만 아니라 학업에 대한 노력, 의지, 열정, 적극성, 도전 정신, 발전 가능성 등을 종합적으로 평가하는 학교 교

"학생부종합전형은 무엇인가요"에 대한 서울대학교의 대답이다. 학생부종합전형은 수치로 계산된 성적만을 반영하지 않는다. 아이의 열정과 적극성, 도전 정신을 평가하며 이를 포함한 발전 가능성에 대한 구체적인 평가 기준을 마련하여 학교마다 자교에 맞는 인재 찾기에 활용되고 있는 평가 방식이 바로 학생부종합전형이다.

그럼 도대체 왜 이렇게 어려운 평가 방식을 고수하며 학교 각각의 기준을 만들어 내고 있는 걸까? 학생부종합전형으로 선발된 아이들은 고등학교에서 기본적으로 학교생활을 굉장히 잘 해내 온 학생임을 대학에서 인정해 주고 있다는 뜻이다. 고등학교 생활을 잘 해내 온 학생들의 경우 기본적으로 성실함과 끈기가 갖춰져 있으며, 자신의 꿈과 진로에 대한 앞선 노력을 바탕으로 대학에 진학하는 경우가 대부분이기 때문이다. 이는 진학뿐만 아니라 후에 진로를 선택하는 측면에서 남들보다 취업을 잘하고 자기 일을 잘 찾아낼 가능성이 높다는 얘기다.

목표가 어느 정도 정해져 있는 아이들이 끈기와 성실함을 갖춘다면, 여러 대학에서 요구하는 학생으로 갖춰야 할 태도가 이미 갖춰져 있다는 뜻이며 그를 바탕으로 진학 후 놀라울 정도의 성취를 보여준다.

나는 컨설팅 현장에 있으면서 체육교사를 꿈꾸지만 사범대학교 체육교육과에는 진학하지 못하고 교직 이수가 가능한 대학의 학과에 들어간 학생들의 사례를 많이 보아왔다. 들어가기 전에는 교직 이수를 할 수 있을까 걱정했던 학생들이 결국에는 교직을 이수하고 체육교사 자격증을 취득하는 것을 무수히 목격했다. 이것이 의미하는 바는 크다. 학생부종합전형으로 합격한 학생들의 경쟁 상대가 이미 대학에 없다는 것이다.

학생부종합전형의 정성평가는 이렇게 학교만의 평가 기준들을 통해 학생들의 잠재력을 이끌어 낸다. 그리고 그들에게 내신과 수능이라고 하는 성적의 잣대만을 들이밀지 않으며, 학업에 있어 아직은 괄목할 만한 성과가 나지 않은 학생일지라도 발전 가능성을 보며 학생들을 선발한다. 또한 이와 같은 학교의 기대에 대해 학생들은 결과로써 보답한다. 이러한 선순환이 잘 이뤄지고 있는 전형은 학생부종합전형이 유일하다.

그런데 본질로 돌아가서 학생부종합전형이라는 단어의 말뜻을 풀어보면, 학교생활기록부가 종합적으로 평가받는 전형이다. 이게 무슨 뜻일까? 좀 더 자세하게 설명하기 위해 학교생활기록부 안의 요소들을 살펴보자.

큰 범위로 묶어서 한눈에 살펴보자면 결국 다음의 세 가지를 들 수 있다.

1. 학생 기본 사항

2. 교과(내신, 세특)

3. 비교과(창체, 행특)

그리고 학부모님들께 학종 컨설팅 진행 시에 제일 처음 여쭤보는 질문이, "생활기록부에서 가장 중요한 부분이 어디일까요?"라는 것이다. 여러분들도 예상하셨겠지만, 대부분은 "'내신'과 '세특'이요."라는 대답이 돌아온다. 하지만 똑같이 '내신'을 평가하는 다른 수시 교과 전형과 정시 전형을 비교하면 안 된다. 이는 정량평가에 해당하는 내용이지만 학생부종합전형은 결국 정성평가, 즉 질적 평가이다.

특히 학생부종합전형 안에서 평가받는 역량은 총 3가지이다.

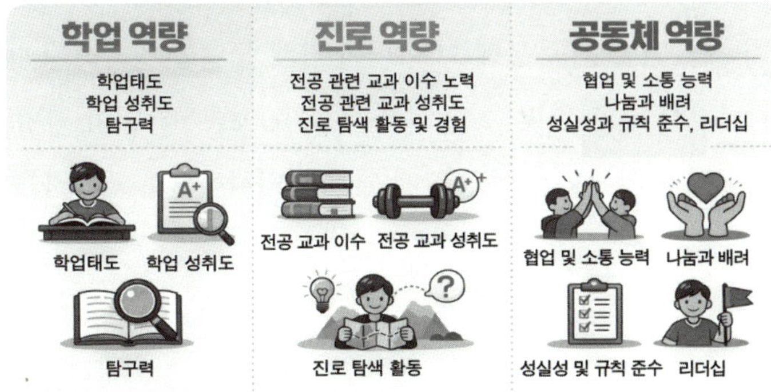

이 세 가지 항목 안의 요소가 학교에서 다양한 비중으로 나뉘어 평가되고 있으며, 학교마다 각기 다른 요소들을 추가하는 경우도 있다.

이 중에 아이들의 '내신'이 해당하는 곳이 바로 학업 역량 밑의 3가지 요소, 그중에도 '학업성취도'라는 항목이며 내신이 결코 학생부종합전형 평가의 절대적인 요소는 아니라는 뜻이다. 오히려 다른 요소들이 낮은 내신을 커버할 정도의 정성성만 잘 갖춰져 있다면 다른 부분에서 충분히 내신을 상쇄할 수 있는 것이다.

결론적으로, 교과와 내신에 매몰되기보다, 본인의 강점을 잘 보여줄 수 있는 비교과에서 역량을 두드러지게 보여준다면 충분히 부족한 내신을 커버할 수 있다는 것이다.

특히, 특정 학교들을 제외한다면 학업 역량 안에서도 탐구력이 제일 중요하다. 수치상의 내신은 만족스럽지 않다고 할지라도 자신만의 탐구 성과들을 잘 챙겨나간다면 오히려 낮은 내신의 커버가 가능하다. 학생부종합전형은 수치적이고 가시적인 내용보다도 아이가 해왔던 활동을 통해 그 아이의 잠재 능력을 평가하기 때문이다. 이것이 바로 몇몇 주요 대학들(시립대, 성균관대 등)이 학업 역량, 진로 역량 외에도 아이의 잠재 역량을 명시적으로 포함하는 이유이기도 하다.

체대학종은
실기를 안 본다!

　체육대학 학생부종합전형이란 말은 때때로 굉장히 모순적으로 보인다. 우리가 알고 있는 체육대학은 당연히 운동이라는 실기를 통해서 갈 수 있을 것처럼 보이기 때문이다. 내가 알던 당시(진학 당시)의 '체육대학' 입시 또한 그랬었다. 그리고 그 당시 내 심정으로는 운동을 꽤 잘한다는 자부심이 있어서 더 알아볼 생각조차 안 했었던 것 같기도 하다. 지금도 상담 때 "'체대학종'은 실기를 보지 않습니다."라고 말하면 놀라는 학생과 학부모들이 아직도 많은 편이다. 나와 함께 입시를 준비했던 지인들, 아직도 연락하고 있는 같은 학과 동기들 또한 얘기를 나눠보면 '체대'에서 실기를 보지 않는 것에 의구심이 많이 든다고 한다.

　그럼 이러한 모순적인 용어처럼 보이는 '체대학종'에 대해서 자세히 분석해 보겠다. 그리고 이에 앞서 우선 바로잡고 들어가야 할 몇 가지 사항이 있다.

앞서 말한 바와 같이, 체육대학 학생부종합전형은 실기 평가를 (당연히) 보지 않는다. 그리고 학생부종합전형에 대해서 설명하기 전에 체육대학 수시 전형에는 다양한 종류가 있음을 알아 둘 필요가 있다.

첫 번째, 우리가 '체육대학 수시전형'이라고 얘기하면 가장 먼저 떠올리는 전형인데, 이른바 교과인 내신을 정량평가하고 실기로 점수를 매겨서 들어갈 수 있는 이른바 '교과 실기' 전형이다.

두 번째, 엘리트 선수 출신인, 특기자 학생들이 들어갈 수 있는 '실기 실적 또는 특기자 전형'이다.

세 번째, 학생부교과 전형 중에서 실기 없이 100% 내신과 수능 최저를 보통은 포함하고 있는 체대 학생부교과 전형이다.

그리고 마지막으로 바로 내신에 대한 정성평가와 생활기록부, 면접까지 같이 평가받는 학생부종합전형이다.

그런데 이처럼 다양한 수시 전형들이 칼로 무 자르듯 나뉘지 않고 융합되어 나타나기 시작했다. 실기 실적과 학생부를 같이 보는 전형(2+4), 학생부 교과 전형임에도 생기부 기반 면접 평가가 포함되어 있는 전형(3+4), 수시 실기와 함께 면접을 함께 보는 전형(1+4) 등등 융합되어 나타난다.

최근 수시 전형에서 실기 100%로 학생을 선발하던 한양대학교가 갑자기 실기 100% 전형을 폐지하고 학생부종합전형+실기 실적 및 특기자 전형으로 전향하여 두 가지 전형을 신설했고, 2026학년도부터 적용하여 현시점 최초 합격자들도 나오고 있는 상황이다. 즉, 실기 능력도 중요하지만, 그와 더불어 생활기록부를 보는 학생부종합전형을 확대하겠다는 뜻이다.

물론 이런 방식으로 실기를 융합하여 보는 전형들은 학생들의 실기 능력에 의문을 품지 않아도 된다. 하지만 결국 일반적인 학생부종합전형으로 평가를 받는 학생들은 실기 평가를 치르고 들어오지 않기 때문에 '체육대학'의 실기 관련 커리큘럼을 잘 따라올 수 있을지 의문이 들 수밖에 없다.

그렇다면 그럼에도 체육대학 학생부종합전형의 인원이 확충되고 늘어나는 이유는 무엇일까? 어떤 메리트가 있기 때문일까? 또한 확충된 학생부종합전형은 아이들의 실기 능력을 어떻게 반영할 수 있을까?

이를 알기 위해, 우선 '체육대학'에 대한 인식부터 바로잡을 필요가 있다. 만약 체육대학이 아이들의 실기 능력만을 평가할 것이라면 결국 '특기자' 전형이 있고 1%의 엘리트 선수의 길을 노리는 학생들을 우선으로 뽑으면 된다.

하지만 학생부종합전형에서 뽑는 대상은 체육'대학'에서 학업에 대해 열심히 투자할 수 있는 학생이다. 대학 입장에서 기본적인 운동능력만 갖추고 있다면 학업 과정에서 끈기 있고 성실하게 배울 수 있는 학생들을 선발하겠다는 뜻이다.

체대학종은 실기에 대해 여러 개의 체육 교과 안에서 성취도와 세부능력 및 특기사항에 들어가 있는 기본적인 운동능력을 평가한다. 그뿐이다.

예컨대, 이화여자대학교의 학생부종합전형은 2026학년도까지 학교생활기록부뿐만 아니라 '활동보고서'라고 하는 형식의 보고서를 받아왔다. 활동보고서의 평가 항목에는 이런 글귀가 적혀 있다.

고등학교 재학 기간 중 지원자의 포괄적 학업 역량, 다양한 교내·외 스포츠 활동의 우수성, 체육 인재 기초 소양 또는 발전 가능성을 가장 잘 드러낼 수 있는 교과 활동, 교내·외 스포츠 관련 활동 중 우선순위를 고려하여 아래에 제시된 관련 항목에 따라 기술하시기 바랍니다.

*검정고시 출신자는 중학교 졸업 후
고등학교 재학 기간에 준하는 기간의 경험 기술

대부분은 이를 보고 스포츠 활동의 우수성에 대해 증명할 때 자신의 실기 능력을 뒷받침하여 적는 것에 노력한다. 하지만 여기서 요구하는 바는 기본적인 운동 능력 정도이며, 그보다는 "자신이 체육과 관련한 탐구에 얼마나 진심을 다해 노력했으며 이를 통해 어떤 융합적이고 창의적인 체육이라는 진로 관련 활동을 해냈는가"
이다.

결국, 체대학종은 '체육을 얼마나 좋아하는지', '체육에 대해 얼마나 많은 생각들을 평소에 가지고 있는지'를 평가한다.

체대생들은 똑똑하다. 국내에서 내로라하는 운동선수들을 보면 똑똑한 머리로 자기가 할 것들을 필드 안에서 해낸다. 감독이 요구한 상황을 명확하게 이해하고 자신의 몫 이상의 몫을 해낸다. 그런 선수들이 오래간다. 체대도 마찬가지다. 오히려 운동을 잘하는 학생들은 똑똑하다. 자신의 좋은 머리를, 스펀지 같은 머리를 학업에 쏟기만 한다면 말이다. 이렇게 지덕체를 골고루 갖춘 체대생들을 원하는 기업들은 날이 갈수록 늘어날 것이다. 체대생들이 갖고 있는 빠른 순발력과 판단력, 리더십, 그리고 결국 운동을 통한 에너지를 학업에 쓰게끔 만드는 것, 힘든 것을 참아낼 수 있는 인내심을 길러줄 수 있다면 기업이 가능성 있는 인재로서 '체대생'을 선호하는 세상이 올 것이다. 아니, 이미 오고 있다.

흥미가 곧
대학 합격의 열쇠다!

고등학생들 중에 자신의 흥미가 명확하고 자신의 진로가 명확히 잡혀있는 학생들이 얼마나 될까?《서울학생종단연구 2020 진로 진학조사 결과분석 및 진로정책 효과 검정 보고서》중 4차년도 결과 분석 보고서(2025년 발행)에 따르면 '대학의 명성'이 51.8%로 1위, 그를 이어 적성 및 흥미가 2위로 28.8%에 해당했다. 그리고 대한민국의 현실에 맞게도 5위 안에는 '성적 및 가산점'도 포함되어 있었다. 이는 자신의 흥미와 적성이 명확해서 대학을 진학하는 경우보다 대학의 명성만을 보고 진학하는 경우가 많다는 얘기이다. 결국 자신에게 맞는 성적 위주로의 진학이다.

나는 과거 3년간 재수 기숙학원 및 여러 학생들과 상담하며 아이들이 어떻게 하면 학업에 집중할 수 있을지 고민하고 목표를 찾아주는 일을 해왔다. 대한민국 입시에서 가장 큰 문제점은 아이들이 자신의 꿈에 대해 고민할 시간과 틈 없이 바로 대학 진학을 목표에 두고 공부해야 한다는 점이다. 아이들은 목표가 있어야 달릴 수 있다. 하지만 대한민국에서 입시를 준비하는 아이들은 대부분 꿈과 목표가 없는 상태로 눈을 뜨면 책상에 앉아 있는다. 될 턱이 없다.

하지만 컨설팅 현장에서 체육대학 진학을 꿈꾸는 아이들과 대화하다 보면 다른 어느 입시 현장과는 다르게 명확한 것이 한 가지 있다. 바로 우리가 그토록 찾던 목표, 흥미와 적성이다.

체육대학을 준비하는 아이들은 자신이 좋아하는 운동 안에서 그토록 찾던 흥미 또는 적성을 발견한 아이들이다. 우리들의 역할은 이 아이들의 흥미와 적성을 바로 진로, 그리고 진학과 연결지어 주는 방법이다. 나는 그러기 위해 가장 적합한 것이 바로 '체대학종'이라고 자부한다.

아이들은 자신이 좋아하는 체육 안에서 자신의 존재 가치를 찾게 되고 무엇을 내가 좋아해 왔는지 깨닫게 된다. 체육을 통해 삶의 활력을 느끼며 스트레스를 해소 받고, 본인처럼 운동을 즐기는 아이들과 협력하며 스포츠퍼슨십과 대인관계능력을 향상시킨다. 자신이 갖고 있는 리더로서의 역량을 아낌없이 발휘하며 선생님의 수업 준비를 돕고 수업을 원활하게 진행할 수 있도록 이끌어 나간다.

이와 같은 글귀, 어디서 본 적이 있지 않은가? 그렇다. 바로 생기부의 내용과 상당히 유사하다. 아이들이 얻은 운동으로서의 긍정적 작용이 바로 학교생활에서 나타나는 것, 그게 바로 체대학종이다.

나는 학창 시절 굉장히 소심한 학생이었다. 내가 원하던 것을 부모님께 얘기하기도 힘들었던 학생이었던 것 같다. 대한민국 입시생의 누구나 그렇듯, 공부를 해야 한다는 것은 알고 있었지만 왜 해야 하는지 명확하게 몰랐으며 헤맸던 시절도 있었다. 하지만 중학교 시절 공부에 대한 시간을 늘린 게 아니라 운동 시간을 늘렸더니 스트레스가 풀리기 시작했고, 그렇게 얻은 에너지를 바탕으로 학업에서도 두드러진 성취가 나타나기 시작했다.

고등학교, 엘리트 농구 선수로 활동하다가 다시 학업으로 돌아와 수능을 공부해야 한다고 생각했을 때 공부를 놓고 운동만 하던 나 자신의 현실에 너무 막막했지만, 나처럼 늦게 체육으로서의 꿈을 찾을 이들을 도와주는 체육인으로서의 진로를 꿈꾸게 되었다.

목표가 명확해졌고 가야 할 길이 보이기 시작하니 학업으로의 동기부여가 생겼고, 그 이후부터는 고민 없이 공부할 수 있었으며, 결국 1년간의 시간을 더 도전한 끝에 내가 원하던 대학에 합격했다. 물론 결과는 꽤 만족스러웠지만 나중에 체대학종 브랜드의 팀장이 되어 일해보니 내가 좋아했던 체육에 대한 탐구를 열심히 했다면 가능한 전형이 있었다는 게 나로서는 참 아쉽기도 했다.

내가 좋아하는 것이 내가 원하는 대학으로 이끌어 줄 수 있다면 얼마나 좋겠는가? 체육대학은 운동을 잘하는 아이뿐만 아니라 운동을 좋아하는 아이를 원한다. 이를 반영해, 체육대학 입시는 수시와 정시 전형으로 나뉜다. 운동을 잘하는 친구들은 수시의 실기 전형과 정시 전형으로 진학하여 합격할 수 있는 길도 열려 있다. 하지만 운동을 좋아하고 그에 대해 자세히 조사하며 탐구하는 것만으로도 합격할 수 있는 길 또한 열려 있다.

학생부종합전형 안에 있는 다양한 역량 중에서 체대학종의 당락을 결정지을 정도로 큰 파이를 차지하는 역량은 다름 아닌 '진로 역량'이다. 진로 역량을 가장 잘 보여줄 수 있는 것들이 바로 수행평가 및 과제에서 진행하는 활동들이며 그 안에서 아이가 창의적으로 제작할 수 있는 활동 및 탐구보고서, 프로젝트들이 포함되어 있다.

EPL(영국 프리미어리그) 소속의 크리스탈 팰리스에는 일본인 출신의 '미토마 카오루'라는 선수가 있다. 이 선수는 고등학교 때부터 이미 유망주로 이름을 날렸지만, 바로 프로리그에 진출하지 않고 대학교로 진학하여 축구에 대해 더 탐구하는 시간을 가졌다. 그는 체육대학에 입학하여 축구 지도 방법, 스포츠 영양학, 그리고 특히 축구에서의 과학적 원리들에 깊은 관심을 가졌다. 축구공을 어떻게 효율적으로 운반할 수 있는지, 드리블에 대한 논문 〈드리블의 원리〉에 대해 탐구한 후에 EPL에서 최고의 수비수들도 막기 힘든 드리블을 구사하는 드리블러가 되었다. 아시아인으로서 활약하는 그의 모습을 경기에서 볼 때면 나로서도 가슴이 뜨거워질 때가 많다.

이는 내가 좋아하는 운동을 탐구해서 실제 운동능력에 적용한 사례이다. 축구를 좋아하는 아이로서 축구에 대한 과학적 원리, 역사, 함께 축구를 좋아하는 아이들과 탐구 및 토론 등을 하는 활동으로도 대학에 합격할 수 있는 것이다.

체대학종으로 합격한
학생들의 아웃풋

학부모들이 가장 궁금해 하는 것 중 하나는 바로 자녀의 대학 진학 이후에 펼쳐질 그들의 삶이다. 대학에서는 어떻게 지낼 것인지, 진학 이전에 정해왔던 목표들은 잘 이룰 수 있을 것인지부터 대학 이후의 삶, 즉 진로에 대한 부분까지이다. 괜찮은 직장을 구하는지, 예를 들어 스포츠과학과를 졸업하고 어떤 일을 하고 있을지 궁금해한다. 너무나 당연하다. 우리 아이들의 10년 후가 궁금한 것이다.

나는 단순히 아이들이 졸업 후 갖게 될 직업보다도 그 이상의 것들에 대해 소개하고자 한다. 이를 위해 우리는 단순히 체대학종 수험생 및 합격생이 아니라, 이를 좀 더 세분하여 구분해 볼 필요가 있다. 그리고 이 세분화된 시각에서 가장 중요한 키워드가 바로 '체대'와 '학종'이다.

내가 최근에 봤던 뉴스 인터뷰 중에 가장 인상 깊었던 것을 하나 소개하고자 한다. 한 언론사의 기자가 20대 초반의 대학생들에게 다가가 인터뷰를 진행했는데, 질문은 "만약 당신이 카페에 커피를 주문하러 갔는데 직원이 말을 건다면 기분이 어떨 것 같아요?"였다. 여기서 말하는 질문은 흔히 커피를 주문한 이후에 "영수증 드릴까요?" 혹은 "쿠폰 적립 도와드릴까요?" 였다. 그중 대부분은 대수롭지 않게 그럴 수 있다고 대답했으나 몇 명은 이렇게 대답했다.

"나는 커피를 주문하러 갔을 뿐인데 말을 걸면 당황할 것 같아요."

이 대목은 나에게 의사소통이 변화한 방식에 대해 많은 고민거리를 안겨줬다.

앞선 장에서 다뤘으나, 요즘은 사람 대신 키오스크가 주문을 받는 시대이다. 그리고 이렇게 로봇이 우리 현실을 대체하기까지 결정적 사건으로는 코로나 팬데믹이 있었다. 코로나19는 아날로그를 벗어나 디지털 중심의 의사소통을 가속화했으며 대면적 의사소통의 변화를 가져왔다. 대학에서도 화상 플랫폼(ZOOM)을 활용한 비대면적 수업을 진행했으며, 공간의 의미가 많이 퇴색되었고, SNS를 활용하여 사회적인 관계 유지와 의사소통이 발달했다. 위생과 방역의 이유에서 현실적으로 대면으로 확인해야 할 평가인 면접조차도 비대면으로 진행했던 시대였다.

심지어 대면적 의사소통 안에서도 마스크라는 장벽이 있다 보니 사람 간의 제대로 된 의사소통이 되지 않았다. 감정을 확인할 수 없었으며 사회적 의사소통에 문제가 생기다 보니 자연스레 갈등도 격화되었다. 코로나19로 인해 학교라고 하는 공동체의 역할도 제 기능을 못 하였기에 집에서 혼자 컴퓨터나 핸드폰을 보며 의사소통 방법을 배웠다. 이러한 친구들이 사회에 나가서 팀원들과 일을 하게 된다면 의사소통 단계에서 어떤 일들이 발생할지 뻔한 일이다.

체육을 좋아하는 아이들도 코로나 시대에 친구들과 어울려 운동을 할 수 없는 환경에 답답해했다. 심지어 엘리트 선수로 활동하던 학생 선수들은 자신들이 설 자리를 잃어버리고 다시 진학과 진로를 위한 고민에 휩싸인 경우도 많았다.

하지만 이들은 빠르게 극복했다. 워낙 체육을 좋아하며 언어적, 그리고 비언어적 의사소통에 익숙한 학생들이다 보니 금방 학교에 복귀하여 아이들과의 상호작용에 익숙해졌으며 선생님들을 도와 학교생활도 남들보다 빠르게 적응하였다.

나는 체대에 합격하여 다니고 있는 학생들을 일터에서 지켜보면서 회사에서 ROTC 장교 출신을 선호하는 이유를 어렴풋이 알 것 같다. 그들은 뛰어난 리더십을 통해 사람들을 이끌며 조직에 있어 우수한 적응력을 갖고 있다. 뒤처지는 사람이 있다면 배려하고 뒤에서 밀어주며 결국 팀을 최고로 이끈다. 어려운 상황에서도 순발력이 있으며 상사가 요구하는 것 이상의 일들을 해낸다.

학생 선수들도 이와 마찬가지로 운동을 통해 얻은 에너지를 바탕으로 긍정적인 의사소통을 하며 일에 있어서도 놀라울 정도의 성취를 보여준다. '체대학종'을 합격하여 대학에 다니고 있는 재학생, 그리고 졸업생들도 마찬가지이다. '학종' 전형에 합격한 친구들을 보면 합격했을 당시의 내신과는 전혀 상관없이 어느 학교에서나 그 학교를 대표하는 인재로서 자리 잡고 있다. 교수님들은 항상 그 친구들에 대해 칭찬을 아끼지 않으며 학업에서도 늘 놀라울 정도의 성적을 보여준다. 장학금은 덤으로 따라온다. 본인이 원하는 교환학생이나 교직 이수를 위한 학점은 언제나 받아낸다. 그렇다. 다시 말하지만 '체대학종'으로 합격한 학생들의 경쟁자는 없다!

대학에서는 '학종'을 선호한다.

대학에서 학종을 통해 합격한 학생을 선호하는 이유는 학종을 통해 종합적으로 내신뿐만 아니라 성실성, 성장 가능성 및 잠재력, 전공에 대한 관심도를 파악해 우수한 인재를 선발할 수 있기 때문이다. 대학에서 요구하는 교육목표 및 이념에 맞는 학생들을 키워 낼 수 있으며 '학종' 합격생들은 대학 생활에서의 만족도가 높기 때문에 대학을 중도에 이탈하는 비율도 확실히 적다. 그들은 과목을 연계하고 융합하여 자신의 진로와 연관된 활동을 만들어 낼 수 있는 창의적인 인재이기에 대학에서 좋아할 수밖에 없다!

같은 이유로 회사에서는 당연하게도 '체대학종' 출신을 선호할 수밖에 없다. 그들은 고등학교와 대학교 내에서 이미 자신이 사회에 적합한 사람임을 증명해 낸 인재들이다. 좋아하는 운동을 통해 스트레스를 극복할 줄 알며 에너지를 성과로 치환해 낸다. 융합적 사고력과 순발력을 갖추고 있어 위기 상황에서도 곧잘 대처한다. 팀원들과의 의사소통에 있어 서로 윈윈할 수 있는 방법을 찾아내 며 이를 통해 팀을 항상 최고의 자리로 이끌어내는 인재이다.

결국, 10년 후, 20년 후에도 학교와 사회에서 공통적으로 성공 할 수 있는 인재의 시금석이 바로 '체대학종'인 것이며, 이를 잘 활 용하는 학생이 성공의 기회를 잡을 확률이 높다.

부모님의 역할이 8할, 체대학종

좋아하는 '체육'이 인생을 바꾼다.

평소 필자는 체육 진로에 대해 강연할 때, 세상의 사람을 두 부류로 나눠서 이야기한다.

- 좋아하는 일을 하는 사람,
- 그렇지 못한 사람.

당연히 전자가 더 행복하다. 하지만 더 큰 성공과 부를 만드는 사람은 그 '좋아함'을 경제적 가치로 연결하는 방법을 안 사람들이다. 그런데 그러한 부류의 사람을 바라보는 부모님의 시선은 다르다. "크게 성공하는 사람들은 특별한 재능이 있는 경우의 이야기이다."라고 애써 폄훼한다. 하지만 필자는 체대 입시 현장에서 수많은 상위 0.1%를 지켜보며 확실하게 깨달은 부분이 있다. 그 '특별함'은 아주 가까운 곳에 있다는 것을 말이다. 그리고 이 '가까운 곳'의 출발점은 바로 이 세 지점에서 시작된다.

- 아이의 '흥미'
- 그 흥미를 향한 아이의 '몰입'
- 그것을 바라보는 '부모의 시선'

필자의 청소년기 시절, 야구에 미친 '철이 형(가명)'이 있었다. 그 형은 선수 수준으로 야구를 잘하는 것이 아니지만, 야구를 바라보는 시선이 독특하고 신선했다. 어느 날 방문한 형의 방에서 충격적인 것을 목격했다. 모눈종이 100장에 일본의 레전드 타자 이치로의 관절 마디마디를 점으로 찍어 타격 폼을 분석해 놓은 것이었다. 누가 보면 단순한 이치로의 극성(?)팬인가 보다 할 수 있지만, 내 눈에는 스포츠 생체역학의 기본이었고 '수제 분석서'였다.

당시에는 이를 입시에 활용할 수 있는 전형이 없었다. 하지만, 그 형은 결국 서울의 명문대에 진학했다. 만약 지금의 체대학종이 활성화된 시대였다면, 형의 그 '덕질'은 생활기록부에 고스란히 녹여져 서울대, 성균관대, 한양대 등의 상위 명문대학 합격을 보장하는 강력한 무기가 되었을 것이다.

반면 오늘날의 입시는 변했다. 현재는 초고속 카메라의 대명사인 Vision Research의 Phantom TMX 7510 같이 초당 프레임 수가 무려 (최대 해상도 기준) 76,000fps까지나 촬영할 수 있는 시대에 살고 있지만 스스로 관절의 좌표점을 찍어보면서 역학적 메커니즘을 고민해 본 철이 형의 '통찰력'과 남다른 '시선'은 그 기계가 대신해 줄 수 없다. AI가 고도화되고, 초고속 카메라가 더 발전해도 말이다.

이 모든 것이 '체대학종'의 소재가 될 수 있다. 운동 실력은 부차적인 문제이다. 체육을 남들보다 더 '사랑'하고, 더 깊이 있게 보는 '시선', 그것을 꾸준하게 이어갈 수 있는 '끈기'와 '근성'만 있다면, 아이는 '스포츠과학' 전공자가 될 자격을 얻게 된 셈이다. 거기에 부모님의 '관심'과 '격려'가 더해지면 더 할 것이 없다.

내신 점수에 맞춰, 이름도 모르는 대학에, 어떤 것을 공부하는지도 모르는 학과에 원서를 쓰는 것이 아니라, 자신의 전공 적합성과 진로 방향, 흥미를 무기로 상위 명문 체육대학의 문을 당당히 두드릴 수 있는 '기회'가 바로 여기 체대학종에 있다.

안타깝게도 이 기회를 살리지 못하는 것은 아이가 아닌 부모인 경우가 많다. 사실, 필자의 부모님도 그러했다. 고교 시절, 운동, 공부, 다양한 동아리 활동을 섭렵하며 학창 시절 에너지를 쏟았지만, 부모님의 눈에는 그저 '학업을 소홀히 하는 불안한 아들'에 불과했다. 고등학교 2학년 1학기 시점, 체육대학 진학을 선언했을 때, 부모님의 차가운 시선은 지금도 생생하다.

기숙학원에서 만난 제자의 사례는 더 극적이다. 부모님의 권유로 인문대 진학을 목표로 재수 중이었던 A는 사실 완벽하게 '체육 DNA'의 피가 흐르는 아이였다. 부모님의 반대로 고3 입시를 망치고 어쩔 수 없이 재수 기숙학원까지 입소한 상태였다. 무거운 마음으로 나를 찾아온 날이 기억난다. 그렇게 상담을 통하여, 확인한 A의 고등학교 3년간의 학교생활기록부는 충격적이었다. '이런 아이가 체육대학을 지원하지 않았다고?'라는 생각이 계속해서 맴돌았다. A의 생기부는 체대학종의 보물창고나 다름없었다. 체육에 대한 흥미를 넘어, 열정이 곳곳에 녹아 있는 100점짜리 생기부였다.

필자는 아버님을 설득하는 대신, 직접 아버님의 역할을 대신하기로 했다. 어떠한 추가 비용 없이 기숙학원에서 시간이 날 때마다, 자소서의 첨삭과 1:1 면접 컨설팅을 통해 2단계 면접 준비를 도왔다. 그 결과, 당연히 상위권 명문 체육대학에 합격했다. 기숙학원에 들어갔는데, 수시 학생부종합전형으로 합격한 것이다.

체육은 놀이가 아니다. 학문이다.

사실, 많은 부모님이 아이의 체육을 통한 왕성한 활동을 단순한 '놀이'나, '게임'으로만 치부한다. 다음의 말에 뜨끔하신 부모님도 많으실 것이다.

“그거 할 시간에 수학 공식이나, 영어 단어 하나 더 외워라.”

이 말은 아이의 미래와 동기부여를 꺾어버리는 최악의 독설이자 금기어다. 아이가 축구 경기 결과를 분석하고, 선수의 성향을 파악하고, 선수 유니폼에 있는 구단 스폰서의 회사에 관해서 연구하는 것은 놀고 있는 것이 아니라, ‘스포츠 경영’, ‘스포츠 산업’이라는 거대한 시장을 탐구하고 있는 공부이며, 자신의 미래를 위한 개척이다.

체대학종은 결과보다 과정을 본다. 그렇기에 위와 같은 활동의 성향을 보인 아이들이 더욱이 유리한 것이 체대학종이다. 스포츠 현장에서 일어나는 모든 상황을 바라보는 시선들이 생활기록부에 담길 때 아이는 비로소 체육을 좋아하는 평범한 학생에서 명문대 합격의 ‘인재’로 거듭난다. 이 과정에서 부모님이 해줄 수 있는 최고의 행동은 ‘믿음’과 ‘한없는 지지’이다.

부모님의 믿음이 곧 합격이다.

체대학종을 통해서 아이를 명문대 체육대생으로 만들고 싶다면, 오늘부터 아이의 모든 활동을 ‘체대학종 합격의 키(key)’로 바라봐야 한다. 아이가 운동장에 나가고, 스포츠를 너무 좋아하는 것을 불안해하지 마라. 대신 그것을 통해 무엇을 배웠고, 느꼈는지 대화를 통해 알아봐라. 그 방향이 어른의 시선에서 볼 때, 다소 불안하더라도, 설령 실패할 것 같은 불안함을 느껴도 무조건 그 도전을 격려하고 지지해야 한다.

아이가 좋아하는 체육을 통해, 학교생활을 열심히 하고, 명문 체육대학에 합격하고, 세상에서 가장 행복한 체육, 스포츠 전문가를 향해 나아가면서 성장하는 모습. 그 모든 상황은 부모님의 '믿음' 없이는 불가능한 '결과'이다.

아이를 믿어라. 그리고 한 없이 응원하라. 그것이 체대학종을 통하여 명문대에 합격한 진짜 비밀이다.

2장

FOCUS!!
- 2027 · 2028
입시의 주요 변화

고교학점제로 입시의 판도가 달라졌다!

단계적 도입을 통해 몇몇 선도 학교 등에서 시범 운영으로 진행되었던 고교학점제가 결국 2025년부터 전국 모든 고등학교에 전면 시행되었다. 소문만 무성했던 고교학점제 도입이 결국 시행되며 현재 2025년도 기준, 고등학교 1학년부터 고교학점제 1기가 되며, 실제 사례로서 학교 전반에 많은 결과들을 야기하고 있다. 이미 시범 운영된 학교가 있는 만큼, 전면 시행 이전에 고교학점제에 대해 긍정적인 의견과 부정적인 의견들이 많이 오고 갔다.

그럼 도대체 고교학점제 도입으로 인해 대한민국 고등학교의 입시제도가 어떻게 바뀌게 되었는지, 긍정적인 부분과 부정적인 부분은 무엇인지 함께 살펴보자.

입시제도는 도입되면서 항상 많은 혼란을 야기한다. 기존에 시행되고 있었던 교육과정에서 진행됐던 과목 선택 방식과 달리 학생 자신이 원하는 과목을 학교의 상황에 맞게 선택할 수 있다는 취지를 담은 고교학점제로 인해 많은 자율성과 진로와 진학으로 연결성을 가질 수 있게 될 거라는 기대와는 달리, 현실은 전혀 다른 양상을 보여주고 있다.

고교학점제란, 학생이 기초 소양과 기본 학력을 바탕으로 진로 및 적성에 따라 과목을 선택하고, 이수 기준에 도달한 과목에 대해 학점을 취득 및 누적하여 졸업하는 제도이다. 쉽게 말하자면 대학의 과목 선택 시스템이 고등학교에 반영되었다고 보는 게 가장 적합하다.

하지만 여기서 문제가 생긴다. 자신의 진로에 따라 원하는 과목이라고 분명히 명시되어 있음에도 불구하고 선택에는 현실적인 제한이 생긴다는 것이다.

첫 번째, 결국은 내신을 보며 선택하게 되는 과목

내신 5등급제가 적용되면서 원점수, 성취도, 석차 등급만 표기되는 등 내신을 표기하는 방법이 아주 간소해졌다. (이 부분은 후에 다루겠다.) 하지만 여기서 분명히 봐야 할 것들은 내신이 9등급제에서 5등급제로 바뀌게 되었을지라도 내신은 여전히 중요하며 그 내신을 잘 받기 위해 결국 아이들은 수강자 수가 많은 과목을 선택하게 된다. 자신의 흥미와 적성과는 일절 관련이 없는 과목으로 결국에는 선택하게 된다는 것이다.

심지어 본인이 원하는 과목의 경우, 학교마다 개설되지도 않아서 학생들이 원하는 과목을 듣지 못하는 경우가 발생하고, 이는 결국 대입에서 불리하게 작용하기도 한다. 여기서 더 나아가 학교마다 개설된 과목의 수도 차이가 있다 보니 고등학교 진학과 동시에 학생들 간에 입시 준비에 격차가 발생하게 된다는 것이다.

두 번째, 학생들의 혼란 가중

고등학교 1학년부터 자신의 진로를 선택해야 하는 문제이다.

1학년부터 선택되는 과목들이 결국 자신이 진학할 학교를 결정한다. 하지만 어느 고등학생이 1학년부터 자신의 진로를 확고히 하겠는가. 이는 예전부터 가지고 있던 대한민국 입시제도의 문제이기도 하지만, 그를 차치하더라도 명확히 불합리하다.

고등학교 진학과 동시에 자신이 선호하는 학과에 대한 분석이 끝나야 한다는 뜻인데, 이는 결국 학부모와 학생들에게 부담으로 다가온다. 또한 수능 준비와 더불어 고교학점제까지 도입되며 학습 부담이 가중된다. 학업 성취율 40% 이상, 과목 출석률 2/3 이상이 결국 졸업의 요건이다 보니 아이들에게는 출석을 넘어 학교에서 공부하는 것 자체가 부담으로 다가오고 있다. 진로도 정하지 못한 아이들은 결국 학업에 대한 목표 의식이 없어지는데, 그런 부담에 설상가상으로 학생을 학교에서 떠밀어 내고 있다는 것이다.

실상이 이렇다 보니 서울 전 지역의 자퇴생 숫자가 2025년에 2,500명을 돌파했고, 고교생 3명 중 1명은 자퇴를 고민하고 있다.

세 번째, 교원들의 부담 가중

그나마 다행인 것은 고교학점제 전면 시행 후 과목별 세부능력 및 특기사항에서 학기별 500자, 즉 학년별 1,000자로 부담이 늘어나게 되었으나 이는 과목별 1, 2학기 합산 500자로 다시 변경되었다. 하지만 이런 문제가 해결되었다고 하더라도 정작 교사들이 느끼고 있는 부담은 다른 곳에 있다. 결국 자신의 전공 분야가 아닌, 개설된 과목에 맞게 담당 분야가 아님에도 불구하고 수업을 해야 하는 상황이 생기고 있는 현실이다. 교사 1인당 맡아야 할 학생 수가 아직도 많은 상황에서 개설 과목 수까지 확대된다면 이는 필연적으로 교사들의 수업 부담으로 연결된다. 그리고 교사들에게 생기는 부담은 결국 학부모와 학생들에게 고스란히 돌아가고 있다.

현직 교사들과 이야기해 보면 현장에서 느끼는 상황은 더욱 심각하다고 한다. 학생들이 학교에 발붙일 곳이 없다고 느끼는 현실 속에서 학교는 더 이상 학생들에게 웃고 놀 수 있는 편한 곳이 아니게 되었다. 이동수업으로 인해 초등학교와 중학교에서처럼 반별로 학생들과 유대감을 느낄 수 있는 시간도 줄어들었으며, 이는 미국의 개인 중심 학업 문화와 달리 한국 입시제도에서는 부정적인 면을 더 많이 초래하고 있다. 이러한 혼란스러운 상황들 속에서 우리는 어떻게 발맞추어 움직여야 할까?

내신 5등급제,
무엇을 의미하는가?

2025년 내신 5등급제가 고교학점제와 함께 도입됐다. 학교 성적표에 적히는 석차 등급이 9등급제에서 5등급제로 바뀌었다. 사실 이러한 시도는 1990년대부터 있었다. 1990년대 후반부터 2000년대 초반까지 아이들의 학업 성취도는 '수·우·미·양·가'라고 하는 성취도와 석차/재적수로 표기되었다. 하지만 과거의 수·우·미·양·가와 현대의 5등급제의 가장 큰 차이는 바로 상대평가의 적용이다. 내신 9등급제에서도 상대평가로 아이들의 내신을 9등급으로 나누었던 것을 토대로 5등급제에도 그대로 적용시켰다.

단순히 등급이 9등급에서 5등급으로 바뀐 것일까? 당연히 판별 기준도 달라졌으며, 그것이 어떻게 대학 입시에 적용될지도 중요한 문제다. 고교 내신 5등급제가 도입되며 기존에 과목별로 나뉘어 있던 1등급과 2등급의 범위가 합쳐지면서 거의 하나의 1등급

범주로 변모했다. 9등급제의 3등급과 4등급의 절반가량이 2등급으로 변화되었으며, 내신 5등급제의 3등급은 기존의 6등급까지도 포함하고 있으니 완전한 내신 등급제 개편이라고 볼 수 있겠다.

출처: 교육부

이를 통해 생기는 내신의 변별력은 결국 석차와 원점수, 성취도를 살리는 방향으로 가닥을 잡았다. 하지만 결국 내신 5등급제 개편으로 인해 가장 중요한 것은 그럼에도 불구하고 내신의 변별력이 대폭 축소되었다는 점이다.

기존 9등급제에서 존재했던 표준편차의 개념은 값이 작을수록 평균값 주위의 분산이 작다는 의미다. 이는 글자 그대로 아이들이 배치된 학교마다 가지고 있던, 이른바 '공부를 얼마나 잘하는 학생들이 몰려 있는 학교인지'를 판단하는 기준이었다.

하지만 표준편차가 사라지며 원점수와 과목 평균만 기입되는데, 이 정도 정보만으로 아이의 실력과 학교의 학업 성취도를 판가름하기에는 상당히 어려운 부분이 있다. 당연하게도 내신의 변별력이 내려가면서 학생부종합전형에서는 생활기록부의 변별력이 상승한다. 결국 내신 5등급제가 의미하는 것은 내신 경쟁의 완화이며, 고교학점제가 도입되면서 이에 발맞춰 내신의 평가 비중을 줄이고 학생들의 평가 방향을 다양하게 마련하겠다는 의미다.

이렇게 되면 자연스럽게 대학에서는 다양한 학생 선발 방법에 대해 고민하게 될 것이고, 이는 학부모들이 알고 있는 정보량의 격차를 초래한다. 앞선 장에서 다뤘던 학부모들과 학생들의 혼란이 가중되는 결과를 낳는다.

하지만 이는 한 가지로 요약할 수 있다. 학교생활기록부의 변별력 증대와 학생부종합전형의 증가이다. 대학은 고교학점제와 5등급제에 맞춰 학생들을 평가하는 데 있어서 내신만이 아니라 학교생활기록부와 면접의 반영을 점점 늘리고 있다. 학생부종합전형의 모집 인원은 2025학년도에 비해 2026학년도에 3,648명 증가했으며, 2027학년도 기준으로 학생부 위주의 전형이 1,275명 증가하였다. 아이들의 학업 성취도를 판단하는 절대적인 잣대였던 내신의 변별력이 감소되면서 학업 역량을 평가할 다양한 방법이 필요해졌고, 그 답이 학교생활기록부라는 뜻이다.

학종 컨설턴트로 활동하며 학생들의 생활기록부를 보면 아이들이 살아온 방식이 보인다. 수업 중 선생님들의 말을 어느 정도 경청하고 있는지, 그리고 그를 통해 질문을 얼마나 던질 수 있는 학생인지가 드러난다. 학교에 가는 것을 얼마나 좋아하는 학생인지, 아이들과의 소통은 어느 정도 하는지, 학교에서 주어지는 팀 과제의 수행력은 어느 정도인지도 나타난다. 또한 주어진 과제에서 자신의 진로와의 연결성을 얼마나 보여주는지도 확인할 수 있다.

요즘은 학부모와 아이가 함께 와서 상담을 받는 경우가 대부분이다. 아이들에게 출결의 중요성에 대해 이야기할 때 학부모들에게 항상 같은 질문을 던진다.

"3년 동안 개근인 학생이 1년에 어느 정도나 있을까요?"

대부분의 학부모들은 이렇게 답한다.

"그래도 꽤 있지 않을까요? 한 3분의 1 정도 되지 않나요?"

나는 이렇게 대답한다.

"상담을 오는 학생들 전체의 1% 정도입니다."

학부모들은 화들짝 놀라곤 한다. 출결은 학종 안에서 중요하게 평가받는 하나의 요소로 작용한다. 그 외에도 학교생활기록부에서 평가하는 요소들은 상당히 많으며, 내신만으로는 판단할 수 없는 부분들이 모두 나타나 있다. 생활기록부를 보고 나면 아이와 한 발짝 가까워진 느낌이 든다.

나는 내신 9등급제 기준에서도 체대학종에서 생활기록부의 탐구력과 출결 등 자신이 가지고 있는 잠재 역량을 바탕으로 낮은 내신임에도 합격했던 사례를 셀 수 없을 정도로 보았다. 앞으로 생활기록부의 변별력이 어느 정도로 올라갈지는 감히 예상조차 어렵다. 내신 5등급제가 적용되는 2028학년도 입시부터는 다양한 학생들이 어떠한 결과를 만들어 낼 수 있을지 벌써부터 기대된다.

자퇴는
정답이 아니다

자퇴가 유행처럼 번지고 있다. 학교 생활 중에 하나의 문화, 현상처럼 보일 정도이다.

현재 고등학생 자녀를 키우고 있지 않은 학부모 입장에서 자퇴는 굉장히 '큰일'처럼 느껴진다. 아이가 자퇴를 언급하게 되면 하늘이 무너진 것처럼 생각이 들 수 있을 것이다. 하지만 현상 이전에, 우리는 학교에 대한 개념부터 살펴봐야 한다.

이미 학교가 갖고 있는 지위와 상징성은 상당히 의미를 잃었다. 예전에 가지고 있었던 학교를 대하는 방식과 요즘의 방식도 사뭇 많이 다르다. 아이들의 출결만 봐도 그렇다. 아이들은 아프면 빠질 수 있고, 자신에게 무슨 일이 있으면 그게 더 중요하므로 학교는 빠질 수 있다고 생각한다. 하지만 나는 학교 다닐 때 학교에 빠지면 큰일이 난 것 같고 뭔가 잘못된 것처럼 느꼈다. 당시 사회적인식이 그러했다.

하지만 이제 학교는 하나의 선택처럼 여겨진다. 대학에 갈 수 있는 방법으로서의, 진학을 위한 하나의 과정처럼 고등학교를 여기기 시작한다.

고교학점제와 내신 5등급제가 시행된 순간부터 우리가 고등학교를 대하는 방식은 우리나라의 '대학교'와 비슷해졌다. 아이에게 최소 성취제라고 하는 방식의 책임감을 부여려던 취지가 의미가 오히려 아이들에게 학교 통학에 대한 선택의 자유를 부여하게 됐다.

하지만 교육부는 학교라고 하는 교육적 울타리가 아이에게 하나의 선택적 옵션처럼 생각하게끔 되게 해선 안 됐다. 학교가 아이들을 교육적 공동체로, 또래 집단이 형성되어 있는 사회의 장 속에서 유대감을 갖도록 하는 역할을 부여해야 하지만, 현재는 이러한 의미조차 많이 퇴색됐다.

아이들은 학교 안에서도 대학교처럼 자신의 과목을 스스로 선택해서 정하게 되며, 하나의 반이라고 하는 유대감이 있는 장소가 아니라 자신의 선택하에 과목을 들으며 과목이 구성되어 있는 강의실을 시간표에 따라 오간다.

이러한 방식이 가져오는 결과는 바로 학교와 학급이라고 하는 소속감의 상실이다. 대한민국에서 갖고 있던 기존의 사회 문화와는 사뭇 다른 방식이다. 결국 학교라고 하는 의미가 대학에 가기 위한 과정으로 바뀌게 되어버린 것이다.

그럼 대학에 가기 위한 과정으로서의 고등학교를 살펴보자. 여기에는 또 어떠한 문제가 있을까?

고교학점제로 인해 아이들의 혼란이 가중되었다고 얘기한 바 있다. 어떤 과목을 선택해야 하는지도, 그에 대한 책임도 온전히 아이의 몫으로 돌아온다. 하지만 고등학교 1학년인 아이들에게 "이미 너는 흥미와 진로를 알고 있어야 하고, 과목 선택도 해야 하고, 이에 대해 책임도 질 수 있어야 해."라고 한다면 마치 회사에 막 입사한 신입사원에게 회사의 존폐가 걸린 큰 프로젝트에 대해 맡기며 책임을 지라고 하는 것과 무엇이 다른가.

이러한 부담의 결과가 결국 아이들에게 자퇴에 대한 결심으로 다가온다. 서울 전 지역의 자퇴생 숫자가 역대 최고치를 경신했다. 이러한 결과에 고교학점제 도입과 함께 내신 5등급제도 한몫을 한다.

내신 5등급제가 가져오는 결과는 결국 생활기록부의 변별력 증가이다. 그로 인해 아이들의 과목 선택에 대한 부담은 가중되며, 자신의 흥미와 진로를 억지로 찾게 된다. 아이들은 생활기록부도 진로에 맞게 채워야 하고, 그에 대한 수행평가와 활동 및 탐구에 대한 고민은 기본이며, 혹시 모를 대학수학능력평가, 즉 수능에 대한 공부도 병행해야 한다.

'내신 + 생활기록부 + 생활기록부를 챙기는 부담감에 이어지는 진로 선택 고민 + 대학수학능력평가 공부'. 이렇게 학교생활을 할 바에는 차라리 자퇴를 선택하고 자신이 어차피 학교라고 하는 커리큘럼 하에서 제대로 챙기지 못했던 수능 공부 시간을 늘리자는 선택을 하게 된다. 그에 따라 '나의 답은 수능이다. 정시 전형이다. 정시에 최선을 다하자.'라는 방식으로 흘러가고 있다. 교육부의 의도와는 정반대로 흘러가고 있다는 것이다.

입시 시장에 대해서 자세히 모르고 이러한 큰 흐름을 마주하게 되면 학생도 학부모들도 굉장히 당황스럽다. 자신이 어떤 것에 발맞춰 움직일 수 있을지도 파악이 안 되며 실패와 좌절만을 겪게 된다. 하지만, 이를 요약하자면, 어떤 방향으로 무엇부터 준비해야 할지를 잘 모르게 된다는 뜻이다. 그래서 포기하게 된다.

자퇴를 생각하고 있는 여러분들에게, 나는 이러한 상황에서 단호히 말 할 수 있다. 우리가 준비할 수 있는 방법은 있다. 호랑이 굴에 잡혀가도 정신만 차리면 산다. 학교라고 하는 교육적 공동체 안에서 유대감도 느끼며 또래와 친하게 지낼 수 있고 대학도 합격할 수 있다면, 이만한 방법이 어디 있겠는가. 고교 교육과정 과정 안에서 자신의 흥미를 찾고, 이를 통해 합격으로 갈 수 있는 방법을 지금부터 공개한다.

고교학점제 & 내신5등급제의 변화는 '우리에게' 기회다

2028학년도 입시에서는 어떤 결과들이 펼쳐질까?

나는 사실 많이 기대된다. 지금까지 쌓아왔던 컨설턴트로서의 역량을 바탕으로 책을 쓸 수 있어서 참 다행이라는 생각이 든다. 내가 갖고 있는 노하우를 토대로 우리 아이들에게, 학부모들에게 체대학종의 합격의 길을 알려줄 수 있어서 말이다.

사람은 어떨 때 두려움을 느낄까? 눈에 보이는 것보다 눈에 보이지 않는 것이 더 무서운 법이다. 아무리 어마어마한 상대와 마주해도 직접 눈으로 본다면 어떻게든 살길을 도모할 수 있기 때문이다. 고교학점제와 내신 5등급제가 도입된 2028학년도 입시가 그런 것 같다. 나의 생활기록부를 어떻게 채워야 할지, 학교생활은 어떻게 해나가야 할지, 그래서 얻어지는 결과는 무엇일지 미리 알 수 있다면 참 좋을 텐데 말이다. 결과는 예측할 수 없지만, 우리는 적어도 목표에 도달하는 길과 방향은 미리 알 수 있다. 이것이 우리에게 고교학점제와 내신 5등급제가 기회인 이유이다.

2028학년도 입시는 이래서 기회이다

내신 5등급제가 적용되며, 2등급 아이들이 1등급이 됐다. 표준편차가 사라지며 학교별 편차를 확인할 수 있는 대표적인 요소가 하나 사라졌다. 반대로 대학은 우리에게 기회를 주고 있다. 생활기록부만 잘 챙겨도, 기본적인 내신 등급만 받아도 대학에 합격할 수 있는 기회를! 다른 아이들이 학교생활과 멀어지고, 학교에 소속감이 없어질 때, 오히려 동아리 활동에서 최선을 다하고 아이들과 소통하며 선생님과 상호작용하는 아이들이 합격할 기회가 크게 올라갔다는 것이다.

2028학년도 입시에서는, 내신의 등급보다는 성취도가 반영될 가능성이 크며 내신보다 생활기록부의 질적인 차이로 인해 입시의 성패가 많이 갈릴 것이다. 그러한 입시제도의 경향은 사실 2024학년도, 2025학년도부터 이어져 오고 있다. 입시제도란 스위치 켜듯, 딸칵하며 한순간에 바뀌지 않는다. 대학에서는 이미 고교학점제와 내신 5등급제에 대한 대비책을 마련해 두고 있었고, 그러한 경향은 이미 입시 결과에서 나타났다. 9등급제 기준, 일반고의 내신 5등급, 6등급 아이들도 생활기록부를 잘 채워서 주요 대학에 최종 합격한 사례가 나왔다. 이는 정성평가라는 학생부종합전형의 평가 방법을 대표하는 사례이며 앞으로 여러분들이 채울 생활기록부가 어떤 결과를 만들어 낼 수 있을지 기대되는 부분이기도 하다.

입시제도 변경으로 인한 혼란과 고교학점제와 내신 5등급제로 인해 아직 발표되지 않은 입시제도에 대한 막연한 두려움이 결국 우리 아이와 학부모들의 행동을 멈추게 한다.

2008년도 입학사정관제로 시행된 학생부종합전형 또한 여러 해를 거듭하며 그 모양새를 갖춰왔다. 2024학년도에는 자기소개서가 폐지되며 학교생활기록부 하나만으로 아이를 평가하게 되면서 면접의 요소가 강화되게 되었다.

내가 체대에 진학할 당시에는 입학사정관제가 도입된 지 얼마 안됐던 해였으며, 체대를 준비하는 모든 이들이 정시를 준비하던 시기였다. 정시로만 대학에 갈 수 있을 줄 알았던 시기였다. 정보의 부족이었고 이를 통해 오히려 정보에 민감하며 입학사정관제의 도입과 당시 입시의 흐름을 갖고 있던 아이들이 좋은 대학에 성공적으로 진학하게 되었다.

이처럼 입시제도는 계속 변화한다. 현시대에 발맞춰 뒤늦게 따라오는 교육과 입시제도가 학부모와 아이 입장에서는 혼란을 초래한다. 하지만 우리는 그 안에서도 목표를 정하고 방향을 잡아야 한다. 내신의 변별력이 떨어지고 생활기록부의 중요도가 늘어났기에 당연히 생활기록부를 잘 채우면 된다! 당연한 소리지만, 입시제도의 변경으로 인해 머리가 아플 때는 이런 단순함이 필요하다.

생활기록부를 채우는 것은 지금까지 5등급제 적용과 고교학점제 적용이 아니었을 때도 마찬가지였다. 학교에 와서 수업 시간에 자다

졸다를 반복하고 선생님이 가르치는 수업 내용에 집중하지 않는 친구들은 예전에도 생기부에서 좋은 평가를 받지 못했다.

고교학점제로 인해 진로에 대한 빠른 고민이 바탕이 되어야 한다? 이 또한 마찬가지다. 생기부를 채우는 방식에서 이미 체대학종으로 합격한 학생들은 진로에 대한 탐구를 진행했으며, 고민만 하는 것이 아니라 해당 분야로 토론을 진행하고 발표하며 학급 게시판에 게시 글을 게재했다. 스포츠 과학 분야를 희망하다가 만약 진로가 스포츠 산업으로 바뀌게 되었다면 그에 맞춰서 움직였다! 그들은 일단 도전했다. 이는 2026학년도에도 2028학년도에도, 그 후 입시에도 마찬가지다!

우리에게 필요한 것은 체육에 대한 전반적인 흥미와 목표일 뿐이다. 체대를 준비하는 모든 이들은 다른 진로 분야를 희망하는 다른 아이들과는 다르게 확실한 흥미가 존재한다. 그것 하나면 된다. 일단 도전해 봐라. 그렇다면 여러분의 생기부는 남들과는 다른 확연한 강점이 될 것이며, 혼란스러운 입시제도로 인해 실행조차 하지 않고 자퇴를 고민하는 친구들보다는 배는 앞서갈 것이다. 그에 맞춰 나는 여러분들에게 2028학년도를 대비해 나의 체대학종에서 경험한 모든 노하우를 공개할 것이며 여러분들에게 최고의 길을 제시할 것이다.

현재 이 책을 보고 있는, 자퇴를 생각하고 있는 아이들과 학종으로 어떻게 생기부를 챙겨야 할지 모르겠는 아이들, 앞으로 우리 아이의 길을 어떻게 잡아줘야 할지 모르겠는 학부모들에게 대학에서 요구하는 생활기록부를 위한 앞으로의 방향을 공개한다!

2028학년도,
이런 학생들이 합격한다

고교학점제와 내신 5등급제가 적용되며 대학이 학생을 선발하는 기준이 변화했다. 그러한 방점을 찍는 해가 2028학년도 입시일 것이다. 그에 발맞춰 대학들은 어떻게 하면 이 제도의 취지에 맞게 학생들을 선발할 수 있을지를 고민하고 있으며, 나 또한 어떻게 안내해야 할지에 대한 고민이 상당히 많다.

2028학년도 입시제도에서 아직 정해진 것은 없으니 최선의 방법을 안내해야 할 것이다. 앞선 장에서 고교학점제의 취지와 내신 5등급제에 대한 이야기를 나눴다. 이러한 입시 변화의 결과로 생활기록부의 변별력이 상승하는 결과를 낳는다.

이는 학생을 더 깊이 들여다보겠다는 뜻이며, 그에 대한 결과로 생활기록부 기반 평가와 학생의 인적성을 검증할 수 있는 면접의 비율이 올라가게 된다.

‘나’를 보여줄 수 있는 제도가 바로 학생부종합전형이다. 내가 어떻게 움직여야 2028학년도 입시의 주인공이 될 수 있을까?

2028학년도에는 이런 학생들이 합격한다

컨설팅을 진행하며 생활기록부를 분석해 보면 이러한 사례들이 즐비하다. 뻔하디뻔한 생활기록부, 그리고 그 안에 담긴 뻔하디뻔한 활동들이 많다. 활동 및 참여형 활동 채우기가 아니라 수동적이고 과제 형식의 활동 채우기에 급급하다.

학교에서 제시한 활동들 중에는 물론 좋은 주제로 시작한 활동들도 많다. 하지만 2028학년도 합격 가능성을 높이기 위해서는 생활기록부에 담을 수 있는 주제에 대한 관심이 많아야 한다. 그래서 주제 선정이 매우 중요하다.

그렇다면 주제를 잘 선정하기 위해 우리에게 필요한 것은 무엇일까? 바로 흐름을 읽는 능력이다.

2028학년도 체대학종은 이런 흐름을 갖고 있다

체대학종의 흐름을 잘 파악하는 능력이 필요하다. 능력이라고 하면 선천적인 재능을 떠올릴 수도 있지만, 내가 말하는 능력은 조사하고 자신이 원하는 분야에 지속적으로 관심을 갖는 능력이다.

체대학종의 흐름은 결국 시대의 흐름을 따라간다. 서울 주요 대학의 면접 현장을 살펴보면 몇 년 전과는 정말 다른 질문들이 오가고 있다. AI 시대에서 체육의 역할에 대한 질문들, 그리고 단순한 스포츠가 아니라 e스포츠에 대한 질문들이다.

스포츠 안에서 e스포츠가 스포츠로 인정받기 시작한 시기는 오래되지 않았다. 2018년 자카르타·팔렘방 아시안게임에서는 시범 종목으로 e스포츠가 채택되었으며, 2026년에는 글로벌 e스포츠 스타 '페이커' 선수가 국내 체육 발전에 크게 공헌한 인물에게 수여되는 체육훈장 청룡상을 받았다.

몇 년 전과 달리 현재는 e스포츠 역시 스포츠라는 의견에 동의하는 사람들이 상당히 많아졌다. 국내 스포츠의 흐름은 어떠한가. 2025년은 선수와 협회 간 갈등이 상당히 수면 위로 올라왔던 한 해였다. 스포츠 분야에서 발생한 다양한 논쟁과 이슈들이 미디어를 휩쓸었다. 하지만 이렇게 빈번하게 발생하는 크고 작은 이슈들을 고등학교에서 수시와 정시를 준비하는 입시생이라면 상당히 놓치기 쉽다.

스포츠는 '좋아하는 것'에서 시작하지만 결국 중요한 것은 직접 하는 것보다 그것을 바라보는 시야를 갖는 것이다. 이처럼 자신이 좋아하는 분야에 관심을 갖고 생활기록부를 채운다면 1차 합격 이후 2차 관문인 면접에서 생활기록부와 학생을 번갈아 보며 눈을 빛내는 교수들이 많아질 것이 자명하다. 시기적절한 트렌드와 이슈를 기반으로 생활기록부를 채운다면 뻔하디뻔한 생활기록부 채우기에서 벗어날 수 있다.

학종 컨설턴트로 일하다 보면 왜 학생부종합전형에서 공동체 역량을 평가하는지, 그리고 그것이 왜 대학에서 긍정적으로 평가

되는 역량인지 자연스럽게 깨닫게 된다.

공동체 역량을 설명하는 여러 단어들 가운데 특히 눈에 띄는 단어들이 있다. 협업, 소통 능력, 배려, 그리고 리더십이다.

학생들에게 갖추어야 할 기본적인 요소들을 평가 항목으로 두는 이유는 이 시대에 그러한 역량을 균형 있게 갖춘 인재를 찾기가 쉽지 않기 때문이다.

면접에서 교수와 면대면으로 소통할 줄 아는 학생, 시선을 잘 맞추는 학생은 학교에서의 교사와의 관계, 가정에서의 교육 속에서 길러지는 역량을 갖고 있다. 그리고 이러한 것들을 평가하기 위한 가장 좋은 방법이 바로 생활기록부 안에서 드러나는 학생의 역할과 행동이다.

마지막으로 흔들리지 않는 마음이다

이는 체대학종에만 해당하는 이야기가 아니다. 혼란스러운 고교학점제 속에서 방향을 잡지 못하고 포기하는 사람이 아니라 자신이 해야 할 일을 끝까지 해내는 사람을 말한다. 마음이 단순해질수록 합격에 도움이 된다.

체대학종 가운데서도 학생부종합전형의 문턱을 넘는 일은 상당히 어렵다. 마지막 최종 합격의 관문 앞에서는 늘 시련이 따른다. 그때마다 나는 학생들에게 이렇게 말해 왔다.

"학종은 끝까지 멘탈 싸움이다. 정신을 똑바로 잡고 있어야 한다."

사실 체대학종에서 합격하는 과정에서 가장 큰 어려움은 바로 정성 평가다. 자신이 어떻게 평가받을지 알 수 없기 때문이다. 자신이 안전하다고 생각했던 학교에서 아쉽게 탈락하면 학생들은 여섯 개 학종 지원을 끝까지 이어가며 면접을 보게 될 상황조차 상상하지 못하는 지경에 이르기도 한다.

이 세 가지를 갖춘다면 체대학종으로 합격하는 길은 열린다. 만약 아직 이러한 요소를 갖추지 못했다면, 이를 갖추기 위해 끊임없이 탐구하고 소통하며 자신의 목표를 굳건히 하기를 바란다.

2028학년도 체대학종은 그런 인재를 원한다.

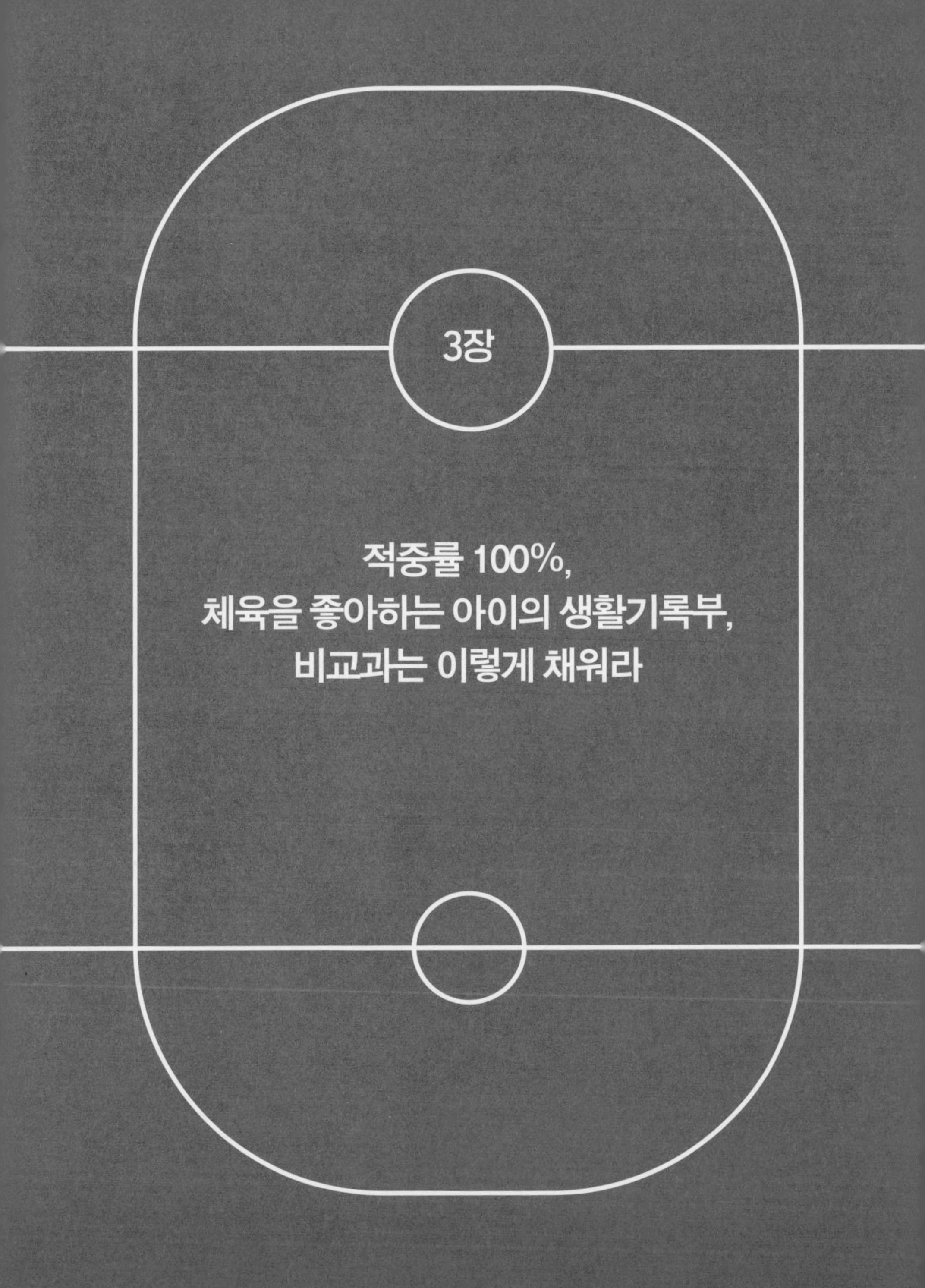

3장

적중률 100%,
체육을 좋아하는 아이의 생활기록부,
비교과는 이렇게 채워라

생기부,
구조부터 확실히 알자

생활기록부는 비공개 정보이다. 아이들의 개인정보이기에 다른 아이들의 생활기록부를 보는 것은 사실상 불가능하다. 그렇기에 우리 아이의 생활기록부를 미리 파악하려고 해도 현실적으로 힘든 상황이다.

우리 아이의 생활기록부가 제대로 채워진 상태에서 받아보는 시기는 1학년이 마치고 나서이다. 그래서 시기로 따지면 2학년 1학기 시작과 동시에 창의적 체험활동과 세부능력 및 특기사항, 그리고 행동 특성 및 종합의견 모두 채워진 생활기록부를 받아볼 수 있다.

하지만 그때 되어서 생활기록부에 대해 파악한다면 이미 늦다. 그래서 비교과에 대해 들어가기 전에 생기부는 어떠한 구조를 갖추고 있는지 자세히 파헤쳐 보기로 하자.

생활기록부는 이렇게 생겼다. (2028학년도 입시 기준)

목차 1 : 인적·학적 사항

학생정보	성명 : 주장종　　　　성별 : 남　　　　주민등록번호 : 주소 :
학적사항	
특기사항	

　학생의 기본 신상 정보가 기록되는 부분으로 학생부종합전형으로 생활기록부가 평가받을 때는 학교 정보가 노출되지 않는다.

목차 2 : 출결

학년	수업일수			결석일수			지각			조퇴			결과			특기사항
	질병	미인정	기타	질병	미인정	기타	질병	미인정	기타	질병	미인정	기타	질병	미인정	기타	

　학생들의 출결 관련 모든 기록이 1~3학년 8월 31일까지 반영되어 학생부종합전형으로 넘어간다. 3학년 1학기까지로 알고 있다 간 큰코다친다. 출결 기록은 아이들의 성실성을 평가하는 만큼 학생부종합전형에서 굉장히 중요한 요소로 작용한다. 면접에서 꼭

나오는 단골 기출의 소재로 활용된다.

목차 3 : 수상경력

학년(학기)	수상명	등급(위)	수상연월일	수여기관	참가대상 (참가인원)
		해당 사항 없음			

　학생이 교내에서 받은 상을 기록하는 부분이다. 하지만 수상 경력 또한 2024학년도 입시부터 대입에는 미반영되는 항목이다. 하지만 나는 아이들이 이렇게 받은 수상 경력은 결국에는 생활기록부 내에 다른 부분에서 충분히 채워지는 요소라고 보고 있으니 미반영된다고 속상해하진 말자.

목차 4 : 자격증 및 인증 취득상황

구분	명칭 또는 종류	번호 또는 내용	취득연월일	발급기관

〈국가직무능력표준 이수상황〉

학년	학기	세분류	능력단위 (능력단위코드)	이수시간	원점수	성취도	비고

보통 특성화고등학교에서 많이 채워지는 항목으로 학교생활 관련한 공식 자격과 인증에 대해 기록되는 곳이다. 하지만 이 또한 미반영이다.

목차 5 : 학교폭력 조치상황 관리

학년	조치결정 일자	조치사항

2025학년도 입시부터 학교폭력 조치상황 관리는 생활기록부에 기재되게 되었으며 2025학년도 기준 고등학교 2학년부터 바로 반영된다. 제 1~3호 조치의 경우 졸업과 동시에 삭제되는 것이 원칙이나 4호부터는 졸업 이후 몇 년간 기재되는 것으로 변경되어 현재 수시와 정시에서 반영되고 있다. 이른바 '학폭' 가해 학생들이 자신이 저지른 일에 대해 사회적으로 책임을 지게 되었다. 이는 2025학년도 대입에 이미 파란을 불러일으키고 있다.

학년	창의적 체험활동상황		
	영역	시간	특기사항
	자율·자치활동		
	동아리활동		
	진로활동		희망분야

　　창의적 체험활동 상황은 생활기록부의 대표적인 비교과 활동으로 위에서 다뤘던 기본적인 정보들과 달리 선생님들이 직접 기입해 주는 곳이다. 그렇기에 어떤 선생님이 기입을 해주는지와 몇 자 반영이 원칙인지도 알아갔으면 한다.

　　자율·자치활동(자율활동)은 학교 내, 학급 내의 자율적인 활동들이 기재되는 공간이다. 예를 들어 학급 행사, 학급 회의 및 학급에서 주도해서 진행한 활동들과 학교 자치활동들이 기입된다. 그리고 기재는 담임선생님이 맡으며 500자(1500bytes) 기입이 원칙이다.

　　동아리 활동은 동아리 명칭이 기입되고 동아리 내에서 활동했던 내용들이 상세히 기입되는 곳이며 동아리의 명칭과 안에서의 역할과 기여도가 대입에 중요한 역할을 한다. 기재는 동아리 선생님이 맡으며 500자(1500bytes) 기입이 원칙이다.

진로활동은 희망분야라고 하는 곳이 눈에 띄는데 이는 생활기록부에 기입은 되지만 대입에 미반영되는 항목이다. 진로 시간에서 했던 활동들과 본인이 진로와 관련하여 했던 활동들이 기입된다. 기재는 진로선생님 혹은 담임 선생님이 맡으며 생활기록부 내에서 유일하게 700자(2100bytes) 기입이 원칙이다.

목차 7 : 고교학습발달상황

학기	교과	과목	학점	원점수/과목평균	성취도	성취도별 분포비율	석차 등급	수강 자수	비고
이수학점 합계									

말 그대로 아이들의 학업 성취도가 기재되는 곳이며 세부능력 및 특기사항도 반영되는 곳이다.

2026년 기준 고등학교 2학년부터는 내신 5등급제가 적용되며 원점수, 과목평균, 성취도만 포함이 되나 고등학교 3학년은 석차 등급에서 내신 9등급제가 적용되며 표준편차도 포함 항목이다. 또한 2026년 기준 고등학교 2학년부터는 〈체육 예술/과학탐구실험〉 및 〈교양교과〉 항목으로 선택과목이 나뉘어져 포함되게 되었다.

목차 7번의 하위 항목으로 과목별 세부능력 및 특기사항이 반영된다.

과목	세 부 능 력 및 특 기 사 항
언어와 매체 :	

세부능력 및 특기사항은 과목별로 아이가 어떤 수행평가를 받았으며 교과 과목 안에서 자신이 어떤 활동을 진행했는지와 학업 태도는 어땠는지 등이 기입되는 곳이다. 각 과목별 기재는 과목 선생님이 맡아서 하며 1·2학기 합산 500자(1500bytes)가 원칙이다.

목차 8 : 독서활동

학년	과목 또는 영역	독서 활동 상황

독서활동은 도서명과 저자만 기재되지만 2024학년도 기준으로는 대입에 미반영되는 항목으로 변경되었다. 하지만 독서를 통한 탐구 활동(보고서 및 소감문 제출)은 결국 비교과와 교과 세특에 기입된다.

목차 9 : 행동특성 및 종합의견

학년	행동특성 및 종합의견

행동특성 및 종합의견은 담임선생님의 고유권한이며 아이의 행동 특성 뿐만 아니라 아이에 대한 종합 평가를 하는 서술형 항목이다. 이 안에는 인성과 학교 생활 태도 및 학업 습관과 협동심과 관련한 특히나 공동체 역량을 평가할 수 있는 요소들이 기재된다.

생활기록부의 구조를 알았으면 결국 각 구조 안에서 어떠한 항목들에서 어떻게 챙겨야 할지가 더 중요하다. 그중에서 특히나 체대학종에서 유리한 비교과 챙기는 방법들을 다음 장에서부터 알아보도록 하자.

역량은 뛰어난 생기부를 요리하는
재료이다

앞선 장에서 간단하게 생활기록부의 구조를 보았다. 뒷장에서 생활기록부의 각 요소에 대해 더 세세하게 설명해 볼 예정이다. 하지만 이렇게 먼저 살펴본 이유가 있다. 생활기록부를 볼 때 이렇게 구조가 바탕이 되어있으면 어떤 역량이 부족하고 어떤 요소들이 부족한 것인지 한눈에 파악이 된다. 그런데 여기서 생기는 의문점이 있다. "그럼 도대체 역량은 무엇인가?"하는 점이다.

요리를 예로 들자면, 역량은 재료에 가깝다. 요리가 완성되었을 때의 평가 기준은 뒷장에서 공개할 예정이지만, 그에 앞서 먼저 재료에 해당하는 역량에 대해서도 알고 들어가야 한다.

컨설팅을 진행하며 학생부종합전형에 대해서 자세히 알고 있는 학부모들을 대상으로 같은 질문들을 던져봐도, 학생부종합전형에서 평가하는 역량 3가지에 대해서 자세히 알고 있는 사람은 드물다. 가장 공통적으로 평가하는 세 가지 역량에 대해 하나씩 파헤쳐보고, 그를 바탕으로 무엇이 중요한지 다시 한번 점검해 보자.

먼저 학업 역량이다.

학업 역량 : 대학 교육을 충실히 이수하는 데 필요한 수학능력

1. 학업 성취도 : 고교 교육과정에서 이수한 교과의 성취 수준이나 학업 발전
   의 정도
2. 학업 태도 : 학업을 수행하고 학습해 나가려는 의지와 노력
3. 탐구력 : 지적 호기심을 바탕으로 사물과 현상에 대해 탐구하고, 문제를
   해결하려는 노력

이 항목들 중에 가장 중요한 것은 무엇일까?

우리는 학업 역량에서 주목할 항목들을 구분지어 봐야 한다. 당연히 '내신'이라고 하는 '학업성취도'는 중요하다. 하지만 이는 아이가 노력한 시험의 결과로서 나타나기 때문에 상대적으로 다른 아이들에 비해 노력을 더 했다고 해서 항상 잘 나올 수 있는 부분은 아니다. 통제 불가능한 요소라는 뜻이다.

하지만 학업 태도와 탐구력은 아이의 노력으로 빛을 발할 수 있다. 그 중에서 학업 태도가 가장 기본적으로 수업 시간에 아이가 가져야 할 태도와 자세 같은 것이라면, 탐구력은 다르다. 아이가 주체적으로 얼마나 자신이 배운 수업과 과목에 대해서 깊이 있게 들어갔느냐를 판단하는 역량이라고 볼 수 있다. 즉, 공부 외적인 부분에서, 노력으로 가장 효율적으로 챙길 수 있는 것이며, 챙겼을 때 가장 효과가 좋게 평가되는 역량이라고 볼 수 있다.

다음은 진로 역량이다.

> **진로 역량 : 자신의 진로와 전공(계열)에 관한 탐색 노력과 준비 정도**
>
> 1. **전공(계열) 관련 교과 이수 노력** : 고교 교육과정에서 전공(계열)에 필요한 과목을 선택하여 이수한 정도
> 2. **전공(계열) 관련 교과 성취도** : 고교 교육과정에서 전공(계열)에 필요한 과목을 수강하고 취득한 학업성취 수준
> 3. **진로 탐색 활동과 경험** : 자신의 진로를 탐색하는 과정에서 이루어진 활동이나 경험 및 노력 정도

이는 자신이 원하는 꿈과 진로를 바탕으로 진학하고자 하는 계열에 얼마나 적합한지를 판단하는 역량이다. 고교학점제가 도입됐지만 아직도 체육대학에서는 추천 과목이나 필수 이수과목에 대해서는 밝히지 않고 있다. 하지만 그럼에도 체육대학 내에서, 각 학과의 특성상 원하는 과목을 수강할 경우, 결국 전공계열 이수 노력을 얼마나 했는지가 진로 역량에서 하나의 하위요소로서 평가받게 된다. 또한 흥미와 진로, 적성에 맞는 과목을 선택했다면 그에 대한 성취도 역시 높이 평가받게 된다.

하지만 가장 중요한 것은 바로 세 번째 하위요소인, 진로 탐색 활동과 경험이다. 이를 아이의 주체성과 더불어 평가하는 학교도 존재한다. (예: 경희대학교) 무슨 뜻이냐면, 자신의 진로와 관련하여 수동적인 교육을 받거나 한 것이 아니라 주체적으로, 스스로 진로 관련 탐구 활동을 얼마나 했으며, 활동들마다 진로와의 연계성은

얼마나 띠고 있는지에 따라 평가받게 된다는 뜻이다. 특히나 체육 대학처럼 명확하게 진로와 흥미를 갖추고 있는 대학일수록 이는 더욱 중요해진다.

<u>마지막으로 바로 공동체 역량이다.</u>

공동체역량 : 공동체의 일원으로서 갖춰야 할 바람직한 사고와 행동

1. **협업과 소통 능력** : 공동체의 목표를 달성하기 위해 협력하며, 구성원들과 합리적인 의사소통을 할 수 있는 능력
2. **나눔과 배려** : 상대방을 존중하고 이해하여 원만한 관계를 형성하며, 타인을 위하여 기꺼이 나누어 주고자 하는 태도와 행동
3. **성실성과 규칙 준수** : 책임감을 바탕으로 자신의 의무를 다하고 공동체의 기본 윤리와 원칙을 준수하는 태도
4. **리더십** : 공동체의 목표 달성을 위해 구성원들의 상호작용을 이끌어가는 능력

이는 전체적으로 아이의 학교 생활적인 면과 각 과목 및 활동들에서 보이는 인성과 소통, 배려에 대한 부분이라고 볼 수 있다. 출결을 통한 성실성도 가장 중요한 덕목으로서 평가받게 되며, 자율활동과 각각의 비교과 및 교과 활동에서 드러나는 역할, 활동을 통한 리더십 또한 중요한 평가를 받게 된다. 심지어 특정 학교에서는 "리더가 아니면 뽑지 않는다"라는 소문이 돌 정도로 리더십 또한 중요한 역량이다.

이렇게 우리는 공통적인 체대학종의 역량에 대해서 살펴봤다.

하지만 각 학교마다 갖고 있는 요소들은 조금씩 다르며, 평가 비율도 다르다. 이러한 평가 비율과 항목들이 어떤 방식으로 세분화되고 있을까? 그리고 역량을 넘어, 어떤 평가 기준 아래 나의 생활기록부가 평가받을까? 다음 장에서는 이에 대해 알아보도록 하겠다.

나의 생기부, 어떻게 평가될지
기준부터 알자!

　생활기록부에 드러나는 다양한 역량들이 재료라고 한다면, 그러한 역량들이 합쳐져서 결국 생활기록부라고 하는 요리가 만들어지고, 이를 평가할 심사위원들이 존재한다. 이러한 심사 기준에 대해서, 즉 평가 기준에 대해서 명확히 알고 있어야 우리 아이의 생활기록부를 정확하게 판단할 수 있다. 평가 기준을 세우지 못한 상태에서 보는 우리 아이의 생활기록부는 분석하는 본인의 입장에서 혼란만 초래할 뿐이다.

　그럼 입학사정관들과 대학의 교수들은 어떠한 기준에 근거하여 우리 아이의, 본인의 생활기록부를 평가할까? 이를 알아야 우리도 정확한 분석이 가능하다.

　우선, 사실이 중요하다. 생활기록부에 적히는 내용들은 모두 선생님들이 기입한다. 각 과목마다, 비교과활동마다 담당하고 계신

선생님들이 있고 아이가 진행했던 활동 및 수동적으로 참여했던 활동들까지도 함께 적어주신다. 생활기록부는 진로활동을 제외하고 각 활동과 과목마다 500자가 쓰여진다. 만약 우리 아이가 활동이 없다면? 사실적인 내용이 기입되기가 어렵다. 그렇다면 선생님들은 그 내용을 가만히 비워둘 수는 없다. 그래서 적히는 것이 바로 평가적 요소들이다.

또한 평가의 주체인 선생님들이 적어주시기에 아이들의 생활기록부에는 평가항목이 많이 쓰이게 되며, 그렇기 때문에 평가기준을 명확히 잡지 않고 생활기록부를 보게 되면 평가적 요소들에 시선이 쏠릴 수밖에 없게 된다. '우리 아이가 이런 평가를 받았네?', '이 정도면 좋게 적힌 것 같은데?'라는 식으로 말이다.

생활기록부를 전문적으로 평가하는 평가자들의 입장에서 살펴보면, 사실을 기반으로 한 평가에는 좋은 평을 하겠지만, '학교를 사랑하는 마음을 가짐', '훌륭한 모습을 보임'과 같은 평가는 확인할 방법이 없다. 결국, 사실이 평가보다 앞서게 된다. 자신이 정확히 어떤 활동을 했는지, 그 사실이 더 중요하다는 뜻이다.

물론, 그 안에서 아이에 대해서 정말 진정 어린, 진심이 느껴지는 평가를 남겨주는, 그러한 필력을 갖고 있는 교사들도 있다. 하지만 그럼에도 사실 위주로 챙기는 것이 도움 된다.

나열식 생기부는 이제 그만, 구체적인 생기부로 채워라.

두 번째 기준은 바로 구체성이다. 자신의 생활기록부에 적힌 활

동들을 한 번 살펴봐라. 어떻게 적혀 있는가? 만약 한 활동에 대해
서 한 줄 정도만 적혀 있다면 우린 그걸 나열식 생기부라고 한다.

> **예시** : 학급 부반장으로서 OOOO활동에 참여하여 아이들
> 을 배려하고 활동을 성공적으로 이끎.

자칫 보면 리더 활동이 드러나 있고 아이가 한 활동에 대해 잘
어필이 되어 있기 때문에 얼핏 좋은 생기부처럼 평가하는 이들도
있을 것이다. 하지만 좋은 내용이었다면 이렇게 한 줄로 표현하는
것이 아니라, 구체적으로 평가를 해야 한다.

그렇다면 도대체 구체성은 무엇일까?

나는 컨설팅에서 아이들에게 책을 읽은 경험에 대해서 물어본
다. 면접 상황을 가정하면서 "혹시 OOOOO책을 읽고 내용에 대
해서 얘기해 볼래?"라고 질문하면 보통은 '내용'에만 한정하여 답
변하곤 한다.

> "OOOOO책은 스포츠 과학이 실생활에서 적용되는 사례에 대해서 설
> 명한 책이며, 그 사례 중에 베르누이의 원리가 인상 깊었습니다. 베르누
> 이의 원리란 ~~~~"

결국 인상 깊은 내용을 말하긴 했지만 '내용'에 한정되어서 답변

한 사례이다.

결국 내용도 중요하지만, 그 활동을 하게 된 동기와 느낀 점이 중요하다는 것이다.

생활기록부를 보게 되면 아이가 직접 했던 활동들과 그를 통해 무엇을 아이가 깨닫게 되었는지가 눈에 더 잘 들어온다. 그리고 이 활동은 왜 했는지에 대한 계기가 궁금하게 된다. 이 안에서 자신의 경험까지 녹여낸다면 이미 당신은 생활기록부의 구체성으로 '스토리텔링'을 갖추게 된 것이다.

　면접의 사례로서 설명한 이유는, 구체성이 가장 명확하게 드러
난 사례이기 때문이다. 말하기와 글쓰기는 한 뿌리에서 나온다.
논리적으로 아이의 일화를 잘 드러내 줄 수 있는 생기부라야 아이
에게 마음이 더 가게 된다.

　구체적인 생기부를 채우기 위해서 우리는 내용보다 그 안에 적
히는 동기와 느낀 점, 즉 나의 이야기를 어떻게 채워야 할지에 대
해 더 고민해보는 것이 도움이 된다.

체대학종에서 일반고의 합격률이 가장 높은 이유는 적극성 때문이다

이 이야기를 여러분께 드리기에 앞서, 사실 체대학종을 넘어 학생부종합전형에 대한 오해가 전반적으로 깔려 있다는 점을 먼저 언급하고 넘어가겠다. SNS를 보면 일반고등학교의 학종 입결 현황과 이른바 특목고인 과학고, 외고, 그리고 자사고의 입결을 비교한 자료들을 쉽게 찾아볼 수 있다. 체대가 아닌 일반 학과의 입결 또한 사실 일반고등학교의 비율이 자사고와 특목고의 비율을 웃돌고 있는 상태다(특정 학교를 제외하면 말이다). 특히 체대학종의 경우는 어떠할까? 체대학종 안에서 일반고와 자사고·특목고를 비교해 보면 놀라운 결과가 나온다.

일단 먼저 답부터 말하자면, 일반고등학교 학생들의 체대학종 합격률이 자사고와 특목고를 압도할 정도로 높은 것을 확인할 수 있다. 2025학년도 합격생 기준으로 서울시립대학교 스포츠과학과의 경우 일반고등학교에서 내신 2점대 학생들만 합격한 것을 확인할 수 있었다. 무려 최종 합격자 기준 100%가 일반고 학생이었다. 이렇게 이야기하면 이미 체육고나 외고, 과학고, 자사고, 그리고 특성화고에 진학한 학생들이 체대에 진학하는 것이 어렵다고 받아들여질 수도 있을 것이다. 하지만 여기서 내가 말하고자 하는 것은 바로 '이것'이 중요하다는 점이다. 그것이 바로 주체성이다.

앞선 장에서 생활기록부의 평가 기준 두 가지에 대해 이야기했다. 바로 '사실'과 '구체성'이다. 이제 마지막으로 가장 중요한 기준인 주체성에 대해 이야기하고자 한다. 먼저 학생부종합전형에서 말하는 '주체성'이 무엇인지 살펴보자. 우선 생활기록부에 적히는 내용들을 통해서도 우리는 '주체성'을 확인할 수 있다. 학생이 직접한 활동인지 아닌지는 생활기록부에 적힌 문장의 어미만 봐도 어느 정도 알 수 있으며, 그 안에 기록된 활동들을 살펴보면 그것이 적극적인 활동인지 수동적인 활동인지도 판단할 수 있다.

> **A** : 체육에 관심 있는 학생으로 '스포츠 에이전트란 무엇인가'라는 진로 특강에 참여함.
> **B** : 체육에 관심 있는 학생으로 '스포츠 에이전트, 천사인가 악마인가?'라는 책을 읽고 에이전트의 양면성에 대해 보고서를 제출함.

같은 진로 탐색 활동이라고 하더라도 A의 경우 학생이 직접 기획한 활동이 아니라 수동적으로 참여한 활동임이 분명해 보인다. 반면 B의 경우는 교사가 부여한 과제를 수행했다기보다는 학생이 스스로 주도적으로 진행한 활동으로 평가될 가능성이 높다. 우리는 이처럼 생활기록부에 적힌 내용과 문장 속에서도 '주체성'을 확인할 수 있다. 하지만 생활기록부에서 말하는 '주체성'은 단순히 문장의 표현 방식만을 의미하지 않는다. 보다 포괄적인 의미로 접근해야 한다. 생활기록부의 표현이나 활동에 드러나는 주체성뿐 아니라 학교에서 과제가 주어지지 않아도 스스로 챙길 수 있는 활동이 바로 학생부종합전형에서 요구하는 주체성이자 적극성이다. 결국 생활기록부에 주체적인 모습이 기록되기 위해서는 학생이 스스로 찾아 나서 적극적으로 활동해야 한다.

과거부터 현재에 이르기까지 자사고와 특목고에서는 학생들이 보다 심도 있게 탐구할 수 있는 활동과 창의적인 형태의 활동이 많이 제공되어 왔다. 그렇기 때문에 일반고보다 다소 수동적으로 참여하더라도 결과적으로 생활기록부에 다양한 활동이 기록되는 경우가 많았고 지금도 그러한 경향이 있다. 그 결과 과거 입결을 살펴보면 학생부종합전형이 도입된 이후 자사고와 특목고의 합격 비율이 상당히 높았다. 하지만 일반고, 특히 체육고의 경우에는 자사고와 특목고처럼 생활기록부에 채워질 활동이 과제로 제공되는 경우가 많지 않다. 일부 지역에서 생활기록부를 잘 작성해 주는 학교로 알려진 곳들을 제외하면 많은 학생들이 생각보다 학생부종합전형으로 대학에 진학하기 어렵다는 사실을 깨닫게 된다.

그렇다면 우리는 이 상황 속에서 어떻게 해야 할까? 바로 주체적이고 적극적으로 움직여야 한다. 교사가 과제를 내주지 않는다면 교사와의 관계를 잘 유지하면서 자신의 진로와 관련된 흥미 분야의 활동을 스스로 찾아 만들어야 한다. 같은 주제에 관심 있는 친구들을 모아 프로젝트 활동을 기획할 수도 있다. 과제가 주어지지 않았다고 해서 단순히 공부할 시간이 늘었다고 생각하기보다는 자신의 진로와 연결되는 심화 탐구 활동을 진행하는 것이 필요하다. 주체성의 다른 말은 바로 적극성이다. 학교에서 주어진 활동뿐 아니라 스스로 찾아 할 수 있는 활동을 의미한다. 이렇게 적극적으로 채워진 생활기록부에서는 학생의 탐구력과 진로를 향한 탐구 활동이 분명하게 드러난다. 학교 안에서 과제의 출발점이 되는 것은 교사의 과제일 수도 있고 교과서일 수도 있으며 교과서 속 세부 목차나 특정 주제가 탐구의 출발점이 될 수도 있다. 결국 탐구를 통해 적극적인 생활기록부를 만들어 가는 일은 학생 자신의 선택에 달려 있다. 이 책을 읽고 있는 여러분은 이미 어떻게 준비해야 하는지 답을 알고 있을 것이다. 이제 남은 것은 행동뿐이다.

비교과는 세특 이상으로
중요하다

매년 연초에 개최하는 합격자 콘서트에서 체대학종과 관련해 질문을 받으면 가장 많이 등장하는 키워드가 있다. 또한 컨설팅 현장에서 "생활기록부에서 가장 중요한 것이 무엇일까요?"라는 질문에 대한 답변으로도 자주 등장하는 것이 바로 '세특', 즉 세부능력 및 특기사항이다. 그러나 나는 생활기록부에서 세특보다 더 강조하는 활동이 바로 비교과 활동이다. 세특 이상으로 중요하며, 오히려 아이의 진로를 파악하기에 더 용이한 영역이 바로 비교과 활동 영역이다. 또한 비교과는 아이의 학업 역량뿐 아니라 다양한 역량을 평가할 수 있는 곳이기 때문에 그 중요성은 이루 말할 수 없다. 비교과 활동 외에도 기본적으로 중요한 부분이 있는데, 이 장에서 그것도 함께 짚고 넘어가겠다.

교과 활동이 기록되는 세특 외에도 중요한 요소가 있다. 바로 출결이다. 출결은 아이들의 성실성을 반영하는 지표인 만큼 중요하다. 대학의 입장에서 출결은 단순히 성실성을 넘어 우리 학교에 와서 얼마나 성실하게 학교생활을 할 수 있는 학생인지, 그리고 학교 활동을 얼마나 충실하게 수행할 수 있는 학생인지를 판단하는 지표로 활용되기도 한다. 하지만 입시를 준비하는 학생들은 출결이 중요하다는 사실을 알고 있으면서도 정확히 이해하지 못하는 경우가 많다. 대부분 출결에서 미인정(무단) 결석만 아니면 괜찮다고 생각한다. 이러한 정성 평가의 기준은 보통 학생부종합전형에서 정확하게 공개되지 않는다. 그래서 많은 입시생들이 학생부 교과전형의 평가 기준을 기준으로 생각하는 것 같다. "교과에서도 미인정 결석이 3개 이상이면 감점이니까 2개 정도는 괜찮지 않을까?"라고 생각하거나, "인정 결석, 조퇴, 결과는 무단이 아니니까 괜찮지 않을까?"라고 판단하는 경우가 많다. 그렇게 되면 남들보다 성실성 면에서 밀리는 생활기록부가 만들어질 수 있다. 만약 지금까지 그렇게 관리해 온 학생이라면 출결에 대해 다시 한번 생각해 보기를 바란다. 반대로 출결이 좋은 경우를 생각해 보면 그 의미를 분명히 알 수 있다. 출결이 좋고 내신이 평균 합격생보다 낮은 경우에도 개근은 하나의 강력한 무기가 된다. 출결에서 다른 학생들보다 더 성실하다는 평가를 받는 요소가 차별점이자 강점이 되어 합격으로 이어지기도 한다. 결국 정성 평가이자 종합 평가인 학생부종합전형에서는 생활기록부에 기록되는 모든 요소가 중요해진다.

출결이라는 가장 기본적인 요소를 살펴보았다. 이제 대표적인 비교과 활동인 창의적 체험활동에 대해 살펴보겠다. 아마 대부분 이미 알고 있을 것이다. 창의적 체험활동, 이른바 '창체'는 고등학교 생활에서 너무나 자연스럽게 접하는 활동이기 때문에 누군가에게는 비교적 쉽게 여겨질 수도 있다. 그러나 창의적 체험활동 안에 포함되는 자율활동, 동아리 활동, 진로 활동은 생각 이상으로 중요한 영역이다. 이 안에서 드러나는 역량들이 학생부종합전형에서 평가하는 요소 가운데 상당한 부분을 차지한다. 각각의 활동 안에는 반드시 기록되어야 할 핵심 요소들이 존재하며, 그 안에서도 다른 학생들과 차별화되는 방법이 존재한다.

창의적 체험활동은 생활기록부의 구조적 측면에서 보면 6번 항목에 위치한다. 학생의 기본적인 인적·학적 사항과 출결 등 간략한 정보가 기록된 뒤 바로 등장하는 항목이다. 그만큼 생활기록부의 서두를 여는 중요한 영역이며, 학생의 학교생활을 정성적으로 파악할 수 있는 핵심 위치에 기록된다. 창의적 체험활동에 대해서는 다음 장부터 본격적으로 다루어 보겠다.

마지막으로 9번 항목에 기록되는 행동 특성 및 종합의견에 대해 살펴보자. 이 영역은 담임교사가 학생을 종합적으로 관찰하고 평가하여 기록하는 내용이 들어가는 곳이다. 따라서 공동체 역량이라고 불리는 인성적인 요소들이 평가되는 영역이기도 하다. 학생이 학교에서 친구들과 원만하게 지내고 있는지, 교사와의 관계는 어떠한지, 수동적으로 학교생활을 하는 것이 아니라 다양한 활동을 만들어 적극적으로 참여하는지, 봉사와 배려 활동은 얼마나 수행하는지, 그리고 현대 사회에서 중요한 협업 능력과 소통 능력은 어떤지를 평가하는 내용이 기록된다. 또한 최근에는 행동 특성 및 종합의견을 통해 학생이 추구하는 진로 방향과 목표가 드러나는 경우도 많기 때문에 진로 역량 역시 이 영역에서 확인되는 경우가 많다. 학생이 자신의 흥미와 적성을 분명하게 가지고 있다면 담임교사 역시 이를 인지하고 행동 특성 및 종합의견에 해당 내용을 기록해 주기 때문이다. 또한 평가적 표현뿐 아니라 학생이 수행한 자율 활동이나 진로 관련 활동이 많아 창의적 체험활동 항목에 모두 기록되지 못할 경우 행동 특성 및 종합의견에 추가로 기록되기도 한다.

이처럼 비교과 활동 역시 세특 못지않게 중요한 영역이다. 그 중요성을 다시 인식해야 하며, 이 영역에서 어떻게 자신의 진로와 적극성을 보여줄 수 있을지 고민해 볼 필요가 있다. 다음 장에서는 창의적 체험활동의 각 영역을 어떻게 채워 나갈 수 있는지 구체적으로 살펴보도록 하겠다.

자율활동, 남들보다
확실히 채우는 방법

창의적 체험활동 안에서 가장 중요한, 자율 및 자치활동*에서는 어떤 것들이 들어가야 할까? 남들보다 더 잘 채우는 방법은 어떤 것들이 있을까? 남들은 뻔하게 넘길 수 있는 자율활동에서부터 기선 제압을 하고 들어가야 한다. 이미 체대학종에 대해서 알고 있는 학생들은 이 부분을 남들과 다른 방법으로 채우고 있다. 상향평준화된 자율활동 안에서 우리는 어떻게 남들과 차별점을 둘 수 있을까? 지금부터 나의 생활기록부의 첫 장을 넘겼을 때 내 첫인상을 줄 수 있는 방법에 대해서 공개하겠다.

창의적 체험활동은 총 4가지 영역으로 나뉘어져 있고 그 안에서 갖고 있는 개별적인 영역이 다르다.

---

*이하에서는 '자율 및 자치활동'을 '자율활동'이라는 용어로 축약해 사용함

자율 활동은 학교 안에서, 학급 안에서 아이가 어떤 자율적인 활동을 하는지가 기입된다. 말그대로 '자율'활동이기에 놓치는 아이들은 끝까지 놓치며, 챙기는 친구들은 끝까지 챙긴다.

자율활동에서 들어가야 하는 가장 중요한 것은, 내가 학교라고 하는 '단체' 안에서, 학급이라고 하는 '집단' 안에서 어떤 역할을 맡았는지가 중요하다.

이러한 역할은 결국, 전교 학생 회장, 전교 부학생 회장, 학급 회장, 학급 부회장이 될 수도 있으며 아니면 학급에서 진행하는 체육 대회 안에서의 응원단장이 될 수도 있다.

그 외에도 자율활동에서 봐야 하는 것은 바로 우리가 배웠던 평가 기준 중에 바로 '주체성(적극성)'이다. 아이가 직접 활동을 진행한 것인지, 아니면 그냥 수동적으로 참여한 것인지에 대해 판단할 줄 아는 것이 중요하며, 수동적으로 챙겨져 있다면 너무나 당연하게도 적극적인 활동들로 탈바꿈해야 할 것이다.

사실 그러한 부분은 활동을 진행한 본이이 제일 잘 알 것이다. 우선 아쉬운 친구들의 '자율활동'부터 한 번 살펴보도록 하자.

학년	창의적 체험활동상황		
	영역	시간	특기사항
	자율 · 자치 활동	90	학생 회장 선거에 참여하며 소중한 한 표를 행사함. 장애인식 개선 교육에서 장애 이해 관련 영상을 시청한 후에 장애를 가진 사람이 겪는 어려움에 대해 공감하며 영상의 주인공이 적성이 뛰어난 일을 선택한 것보다 좋아하는 일을 선택한 것에 대해 크게 공감하는 모습을 보임. 인터넷 스마트폰 중독 예방교육을 통해 모바일로 동영상을 시청할 때의 안전한 방법에 대해 배우고, 스마트폰을 건강하게 사용하고 일상 생활에 활용하는 방법에 대해 배움. 생명존중, 자살예방교육을 통해 생명의 소중함에 대해 깨닫고, 주위 친구들 중 도움이 필요한 친구는 없는지 돌아보는 계기가 됨. 학급별 체험학습의 일환인 학급 단합 활동을 통해 소통과 화합의 방법을 탐색하며 대인관계에서 존중가 배려가 중요함을 이해함.

앞에서 배운 평가기준에 근거하여 앞의 '자율활동'을 분석해 본다면, 수동적인 활동들로 채워졌다는 것을 확인할 수 있을 것이다. 그리고 사실 나열식이라는 평가도 부수적으로 따라온다.

교육을 통해 추가적인 탐구보고서라든지 후속적인 탐구 활동은 전혀 없이, 교육에 참여하고 투표에 참여한 활동들은 대부분 자신이 직접 한 활동이라기보다는 학교나 학급에서 진행한 활동에 수동적으로 참여했을 뿐이다.

그에 반해 밑의 '자율활동'을 살펴보자.

학년	창의적 체험 활동 상황		
	영역	시간	특기사항
	자율 · 자치 활동	90	1학기 학급 부회장(2026.03.02. – 07.15)으로서 임원 수련회의 리더십 특강을 참여해 리더십의 종류에 대해서 배우며 협업의 가치를 이해함. 특강을 듣고 난 후, 서번트 리더십에 대해 추가 조사하여 보고서를 제출함. 서번트 리더십의 요소 중 경청과 감정이입, 설득에 대한 중요성을 깨달았다고 소감을 밝히며 학급 내 활동에서 어려움을 겪는 친구를 도와 학급 생활에 적응할 수 있게 이끎. 한마음 체육대회(2026.05.15)에서 학생 심판으로서 활약함. 학생 심판 교육을 받고 심판의 수어에 익숙하지 않은 친구들을 선생님을 대신해 교육하며 체육대회를 성공적으로 마무리 함. '진정한 기쁨은 알아가는 기쁨' 독서회(2026.09.02. – 2026.12.15./18시간)에 참여하여 '인간은 어떻게 움직임을 배우는가'를 읽고 자신이 좋아하는 체육 안에서 진행되는 움직임이 사실은 역학적인 원리에 근거한 것임을 깨닫게 됐다고 함. 이를 바탕으로 학급 안에서 아침 체조를 진행하며 학업에 스트레스 받고 있는 학우들에게 '미라클 모닝'이라는 별명으로 불리게 됨.

사실 역할만 강조된 '자율활동'은 크게 의미가 없을지도 모른다. 하지만 역할을 통해 어떤 활동과 행동을 했는지가 중요하다. 부회장이라는 리더십 역할을 맡았다는 사실만으로는 강점이 되기 어렵다. 위의 사례에서 학생은 부회장으로서 특강에 단순히 참여하는 데 그치지 않고, 이를 계기로 심화 탐구를 진행하여 보고서를 제출한 점이 인상적이다. 또한 진행한 활동들이 학교와 학급 안에서 이어지는 다른 활동으로 확장된 점을 보면 창의적인 탐구력 역시 높다고 평가될 수 있다. 더 나아가 이 과정에서 자신이 관심을 가지고 있는 진로인 '체육'과 관련하여 학생들을 이끌고 학우들로부터 긍정적인 평가를 받았다는 내용까지 기록되어 있다. 이처럼

자신의 적극성과 진로에 대한 관심, 그리고 탐구력까지 드러나는 자율활동은 우리도 만들어 낼 수 있다. 수동적으로 진행된 활동을 적극적인 활동으로, 그리고 탐구 활동으로 발전시키는 것이 중요하다.

체육대학에 가려면 어떤 동아리를 들어가야 하나요?

　창의적 체험활동의 두 번째 영역은 바로 동아리 활동이다. 동아리 활동에서는 무엇보다 선택이 중요하다. 학교마다 생활기록부를 잘 기입해 주는 것으로 알려진 교사가 담당하는 동아리가 1순위 선호 대상이 될 수도 있고, 자신이 원하는 진로와 연계할 수 있는 동아리가 우선순위가 될 수도 있다. 그렇다면 체대학종으로 대학에 진학하기 위해 가장 유리한 동아리 활동은 무엇일까? 많은 학생들은 단순하게 생각해서 "체육대학 학생부종합전형이니까 당연히 운동 관련 동아리에 들어가면 되는 것 아닌가?"라고 생각할 수 있다. 과연 그럴까?

　동아리 활동은 500자(1,500bytes) 분량으로 작성되며, 동아리 담당 교사가 기록한다. 동아리 활동은 창의적 체험활동의 영역 중 자율활동과 진로활동 두 영역 사이에 놓여 있는 항목이다. 자율활동에서는 '역할'이 중요하다고 이야기한 바 있다. 동아리 활동 역시 자율활동과 마찬가지로 단체 활동이기 때문에 어떤 역할을 맡았는지, 그리고 그 역할을 통해 어떤 활동을 진행했는지가 매우 중요하다. 꼭 직책을 맡지 않았더라도 활동을 통해 자신의 '역할'이 분명하게 드러난다면 그 역시 리더십으로 인정받을 수 있다. 예를 들어, "항상 밝은 성격으로 OO 동아리 활동 안에서 사기를 북돋는 비타민 같은 역할을 해냄. 지고 있는 순간에도 힘찬 응원을 통해 팀을 어려움에서 이끌어 내는 존재임."과 같은 표현이 가능하다.

또한 동아리 활동은 진로활동과도 맞닿아 있는 영역이다. 자신이 선택한 동아리의 명칭 자체가 진로와의 연결성을 의미하며, 그 안에서 진행한 활동을 통해 자신이 해당 진로에 얼마나 흥미와 관심을 가지고 있는지도 평가받는다. 그래서 이러한 점만 단순하게 생각하면 대부분 운동 동아리를 선택하게 된다. 그러나 실제 결과는 기대만큼 좋지 않은 경우가 많다. 왜 그럴까? '운동 동아리'의 특징을 살펴보면 대개 운동만 하다가 마무리되는 경우가 많다. 자신이 운동을 좋아하고 체육에 관심이 있는 학생이라는 점은 어느 정도 드러날 수 있겠지만, 정작 더 중요한 요소를 놓치게 된다는 뜻이다. 아래 사례를 통해 이를 자세히 살펴보자.

학년	창의적 체험활동상황		
	영역	시간	특기사항
	동아 리활 동	30	(풋살A반) (17시간) 동아리 활동에서 수비적인 포지션으로 많은 경기를 소화함. 중앙수비부터 측면수비까지 수비 전 포지션을 소화할 수 있을 정도로 축구 전술에 대한 이해 도도 높고 신체적 능력도 우수한 학생임. 특히 몸싸움에 강하여 오프더볼 경합에서 자주 승리하고 패스가 이어지기 이전에 이를 차단 후 역습으로 전개하는 등 넓은 수비 범위 를 보임. 볼키핑 및 볼컨트롤 능력도 뛰어나 미드필더 포지션까지 충분히 소화할 수 있으며 전방 미드필더에게 볼을 정확하게 공급함. 스포츠 매너도 뛰어나 상대방에게 파울을 범한 뒤에도 먼저 다가가 화해하고 경기장 분위기가 격해지지 않도록 잘 조율하는 뛰어난 리더십을 보여줌. 본인이 심한 파울을 당하여도 크게 언성을 높이거나 격하게 반응하지 않는 등 차분하게 경기를 이어 나가는 모습이 돋보임. (육상반1: 방과후학교스포츠클럽) (1시간)

위의 동아리 활동에 기입된 내용을 보면 어떤 포지션으로 운동 안에서 역할을 맡아 활동했는지는 드러나 있다. 학생이 신체 능력 면에서 뛰어나다는 점도 느껴지며, 매너와 태도 면에서도 인성이 좋은 학생으로 평가받고 있다. 얼핏 보면 충분히 뛰어난 활동처럼 보일 수도 있는 내용이다. 하지만 중요한 부분이 빠져 있다. 혹시 눈치챘는가? 그렇다. 이 내용은 학생이 무엇을 했는지를 보여주기보다는 평가 중심으로 작성되어 있다. 그리고 학생이 직접 진행한 탐구 활동이 보이지 않는다. 아마 실제로 탐구 활동을 진행하지 않았을 가능성이 크다. 컨설팅 현장에서 상담을 진행하다 보면 학생들은 대부분 "운동 동아리에서는 특별히 활동을 주지 않아요."라

고 이야기한다. 이것이 바로 내가 운동 동아리에 들어가는 것을 걱정하는 이유다. 그렇다면 아래의 활동 사례도 함께 살펴보자.

학년	창의적 체험 활동 상황		
	영역	시간	특기사항
	동아리 활동	38	(MJ23) 농구에 대한 흥미를 바탕으로 자원해서 농구 동아리의 부장으로 활동함. 농구의 기본 개념 규칙에 대해 잘 파악하고, 동아리 시간에 배운 드리블을 바탕으로 KBL 선수들의 드리블 및 움직임과 NBA 선수들의 움직임의 차이에 대한 기사를 바탕으로 보고서를 제출함. NBA 선수들은 특유의 리듬감이 있다는 것을 차이로 소개하며 자신만의 리듬감을 만들겠다는 포부도 함께 밝힘. 뛰어난 드리블 능력을 통한 돌파, 드라이브 인이 강점인 학생임. 동아리 발표회 준비를 위한 계획 과정에 기장으로서 포스터 제작을 주도하며 계획서를 작성함. 연간 활동을 되돌아보며 동아리 자체적으로 계획한 초기 목표인 '지덕체를 골고루 갖춘 인간 되기'를 달성하였는지 동아리 부원들과 토론하는 시간을 가짐. 내년을 위한 목표를 새로 설정하며 아쉬웠던 점도 보완하는 시간으로 마무리 함

앞의 예시와의 차이가 느껴지는가? 동아리 부장으로서 자신의 리더십 역량이 드러나 있으며 탐구 역량도 뛰어나다. 좋아하는 농구라는 종목을 바탕으로 선수들의 움직임을 분석하여 실제 농구 활동에 활용하려는 의지가 드러난다. 이는 대학에서 요구하는 탐구력이 잘 드러나는 부분이다. 또한 목표를 설정하고 그 이후에 이어지는 후속 탐구까지 나타나 있다. 운동 동아리를 선택해 활동하더라도 부원들과 함께 탐구할 수 있는 시간을 만들어 가는 것이 매

우 중요하다. 동아리를 선택할 때 자신의 진로와 연계된 동아리를 선택하는 것은 당연하다. 동아리는 진로와의 연결성을 직간접적으로 보여 줄 수 있는 활동 영역이기 때문이다. 스포츠 의학 분야를 희망하는 학생이라면 스포츠 동아리나 의학 동아리 모두 좋은 선택이 될 수 있지만 가장 이상적인 것은 스포츠 의학과 직접적으로 관련된 동아리이다. 여기에서는 운동 동아리를 중심으로 설명했지만 결국 중요한 것은 자신이 관심 있는 진로 분야와 연계된 동아리를 선택하고 그 안에서 적극적으로 활동하며 탐구까지 이어가는 것이다. 동아리를 적절히 선택했을 때는 분명 강점이 될 수 있으며, 학교의 현실상 원하는 동아리에 들어가지 못했더라도 자신의 진로와 연계된 활동으로 충분히 보완할 수 있다. 이 점을 반드시 기억했으면 한다.

진로활동, 나의 꿈이
가장 많이 적히는 영역

    체대학종에서 진로활동은 상당히 중요하다. 자신의 꿈을 고등학교 시기부터 탐색하고 발전시킬 수 있는 전형이기 때문이다. 자신이 원하는 바를 토대로 고민하고 탐구하며, 그 과정을 통해 원하는 대학에 합격하고 더 나아가 체대학종 합격생이라는 자신감을 바탕으로 대학에서도 의미 있는 성과를 만들어 낼 수 있다. 대학 진학 이후의 진로까지 생각하도록 요구하는 이유도 바로 여기에 있다. 자율활동과 동아리 활동에서 중요했던 요소는 '역할'이었다. 단체 활동 속에서 어떤 역할을 수행했는지가 중요했고, 그 안에 탐구력과 진로 역량까지 함께 드러난다면 좋은 비교과 활동이자 창의적 체험활동으로 평가받았다. 지금까지 설명한 창의적 체험활동 역시 중요하지만, 그중에서도 '진로활동'은 자신의 꿈이 가장 분명하게 드러나는 영역이다. 자신이 가지고 있는 꿈을 중심으로 다양한 활동을 펼칠 수 있는 공간이며, 학생의 관심사가 가장 뚜렷하게 나타나는 부분이기도 하다.

대학에서 '학과'를 구분하는 이유는 무엇일까? 각 학과는 학생들에게 "우리는 이러한 분야를 가르칩니다. 그래서 이러한 과목들을 커리큘럼에 포함시켜 교육하고 있습니다. 이러한 교육을 통해 학생들이 앞으로 이런 분야에서 역량을 발휘할 수 있도록 하는 것이 우리의 목표입니다."라고 말할 수 있어야 하기 때문이다. 대학의 학과 명칭은 그 학과의 정체성이며 커리큘럼을 대표한다. 예를 들어 체육교육과를 지원하려는 학생이 스포츠 산업 계열 학과에서 두각을 드러내기란 쉽지 않다. 교사를 목표로 하는 학생이 스포츠 과학 연구나 AT 트레이닝에 강점을 둔 학과에서 높은 평가를 받는 것 역시 쉽지 않다. 결국 학생마다 희망하는 학과가 있으며 우리는 그 방향에 맞게 생활기록부를 채워 나가게 된다. 물론 학과가 추구하는 교육 목표와 커리큘럼을 충분히 살펴보지 않은 채 학과 명칭만 보고 오해하여 지원 기회를 놓치는 일은 피해야 하겠지만 말이다. 지금까지 설명한 내용이 바로 '진로활동'이 중요한 이유다. 이처럼 체대학종에서는 자신의 진로 방향을 분명하게 드러낼 수 있는 영역이 중요하다. 대학의 각 학과는 학생의 진로활동을 보며 우리 학교에 진학하기 위해 어떤 활동을 해왔는지, 그 활동이 어느 정도의 이해를 바탕으로 이루어졌는지, 그 과정에서 어떤 다양성과 깊이가 나타나는지, 그리고 학생이 진정으로 원하는 꿈과 분야가 무엇인지에 대해 궁금해한다. 결국 대학은 "이 학생이 우리 학과에 어울리는 인재인가?"라는 질문에 대한 답을 찾고자 하는 것이다.

진로활동에서 자신의 방향성이 충분히 드러나야 하는 이유는 설명했다. 그렇다면 진로활동에서는 구체적으로 어떤 방식의 내용이 기록되어야 대학에서 긍정적으로 평가될 수 있을까? 진로활동은 원칙적으로 700자(2100bytes)까지 기록할 수 있으며, 진로 교사가 있는 학교에서는 진로 교사가, 그렇지 않은 경우에는 담임 교사가 생활기록부에 기록하는 영역이다.

진로활동에서는 무엇보다 구체적인 꿈이 드러나야 한다.

	희망분야	스포츠 에이전트
진로활동	진로탐구보고서 제작 및 진로탐구 발표 활동에 참여하여 '나의 진로 직업군인'이라는 주제로 직업군인의 정의, 필요능력과 군인이 되는 과정에 대해 보고서를 제출하고 체계적으로 정리함. ppt로 제작 발표하여 친구들에게 큰 박수를 받음.	

진로활동을 살펴보면 보통 이러한 방식으로 기록되어 있다. 위에 적혀 있는 희망 분야에 '스포츠 에이전트'라고 적혀 있는 것을 확인할 수 있을 것이다. 하지만 이 희망 분야에 기입되는 내용은 실제 평가에 반영되지 않는다. 원서 접수 이후 대학의 입장에서 생활기록부를 검토할 때 이 항목은 보이지 않기 때문이다. 그렇다면 어떤 문제가 발생할까? 당연히 학생이 어떤 꿈을 가지고 있으며 어떤 분야로 진로를 설정하고 있는지 한눈에 확인하기 어려워진다. 희망 분야 항목이 사라진 이유는 담임 교사가 학생의 꿈이

나 희망 분야를 직접 적어 주는 방식으로 드러내기보다, 학생이 수행한 활동을 통해 자신의 진로를 스스로 증명하라는 의미이기 때문이다. 결국 아래에 기록되는 활동 내용을 통해 위의 희망 분야가 자연스럽게 유추될 수 있다면 진로 역량이 높다고 평가받게 된다. 희망 분야에는 일반적으로 이러한 형태로 구체적인 직업이 적히며, 직업이 명확하지 않은 경우에는 스포츠 산업 분야나 스포츠 과학 분야처럼 학생이 관심을 가지는 진로 분야가 기록되기도 한다.

이제 희망 분야 아래에 기록되는 활동 내용에 대해 이야기해 보자. 희망 분야에는 스포츠 에이전트라고 적혀 있지만 아래의 활동 내용은 전혀 다른 내용으로 채워져 있는 경우가 있다. 활동 내용을 살펴보면 실제 학생의 꿈은 군인으로 보이는 사례도 있다. 결국 이 학생의 진로활동에서 드러나는 직업은 스포츠 에이전트가 아니라 군인이 되는 셈이다. 그렇다면 어떻게 기록되어야 대학에서도 학생의 꿈을 명확히 이해할 수 있고, 좋은 진로활동으로 평가받을 수 있을까?

	희망 분야	스포츠 에이전트
진로활동		'진로 설계'라는 프로젝트 활동을 통하여 스포츠 매니지먼트과의 교과과정과 유사 학과, 선택과목 설계 등 비교과활동을 계획함. 자신의 꿈인 스포츠 에이전트에 대한 탐구보고서를 통해 마케팅 역량과 스포츠 에이전트로서 필요한 분석능력을 키우겠다는 포부를 밝힘. 이에 후속 탐구 활동으로 '스캇 보라스'라는 미국의 에이전트에 대해 조사하며 본인의 롤모델로 선정하며 ~

　이 학생의 꿈은 희망 분야 항목이 가려져 있다고 하더라도 스포츠 에이전트가 맞다. 활동 내용 안에서도 그 사실이 분명하게 드러나 있으며, 무엇보다 중요한 점은 그 꿈이 '명시'되어 있다는 것이다. 생활기록부가 대학에 제출되면 대학은 이를 바탕으로 학생의 잠재 역량과 해당 학과에 어울리는 인재인지 판단하는 과정을 거친다. 그리고 1차 합격 이후에는 면접이 진행된다. 면접에서는 학생이 어떤 꿈을 가지고 있는지, 그리고 그 꿈을 바탕으로 왜 이 학과에 지원하게 되었는지가 중요한 질문이 된다. 바로 이러한 이유 때문에 진로활동에는 자신의 꿈이 명확하게 드러나 있어야 한다.

꿈이 바뀌어도
학종에 문제가 없나요?

학생부종합전형의 경쟁률을 살펴보면 학교마다 차이는 있지만 대체로 주요 대학의 경우 10대 중반에서 20대 초반 정도의 경쟁률을 보인다. 이는 일반 학과 기준이다. 그렇다면 체대학종의 경쟁률은 어떠할까? 평균 경쟁률은 30대 1에 육박한다. 일반 학과보다 높은 수준이다. 이 결과가 의미하는 바는 무엇일까? 체육을 좋아하는 학생, 운동에 관심이 높은 학생들이 많아지고 있다는 뜻일 수도 있다. 실제로 그런 경향이 존재한다.

하지만 컨설턴트의 입장에서 보면 보다 직접적인 이유가 있다. 바로 체육대학을 상대적으로 쉽게 생각하는 경우가 많다는 점이다. 운동을 조금 할 줄 알고 체육 활동에 적극적으로 참여하며 체육을 좋아하는 학생들이 학교 생활기록부에 기록된 내용이 체대학종에서도 괜찮게 평가받지 않을까 생각하며 지원하는 경우가 많다는 것이다.

즉, 단순한 호기심이나 기대감으로 지원하는 이른바 '허수'가 상당히 많다는 의미다. 내신 성적만 믿고 지원하는 학생들도 적지 않다. 그러나 체대학종에 합격할 수 있는 학생들의 생활기록부는 분명히 다르다는 점을 반드시 알아야 한다.

만약 이 책을 읽고 있는 사람이 일반 학과 진학을 고민하다가 체대학종에 관심을 갖게 된 학생이거나 학생의 학부모라면 지금 이 순간부터는 분명한 결정을 내려야 한다. 주변을 둘러보면 막연히 운동을 좋아하고 체육 시간에 열심히 참여하는 학생들은 고등학교에 상당히 많다. 그러나 체대학종에서 원하는 인재는 단순히 운동을 좋아하는 학생이 아니라 체육대학에 진학하기 위해 스스로 활동을 만들어 내고 탐구 활동을 지속적으로 이어 가는 학생이다. 그렇다면 체육대학에 가고 싶어 하는 이유는 무엇인가? 단순히 운동을 좋아하기 때문일까? 그렇지 않다. 운동을 좋아한다면 그 관심이 다른 방향의 사고로 확장되어야 한다. 운동을 좋아하기 때문에 운동을 더 깊이 배우고 싶어지는 과정이 필요하다.

우리가 체대에 가는 이유는 단순히 운동을 하기 위해서가 아니다. 오늘날에는 일반 대학이나 다른 학과에 진학한 학생들 가운데에서도 보디빌딩을 좋아해 열심히 운동하며 대회에 출전하는 사례가 많다. 운동을 단순한 취미로 생각한다면 일반 학과에 진학해 취미나 관심 중심으로 접근해도 충분하다. 그렇다면 일반 학과가 아니라 체육대학에 가야 하는 이유는 무엇일까? 체육을 보다 전문적으로 배우고 싶기 때문일 것이다. 예를 들어 축구를 할 때 왜 슛을 할 때 공이 강하게 나가지 않는지 원인을 분석하고 자신의 디딤발을 교정해 보면서 슛이 성공적으로 이루어지는 경험을 통해 즐거움을 느낀 학생들이 체대학종에 합격한다. 이러한 경험을 시작으로 체육에 대한 심화 탐구를 계속 이어 갈 수 있기 때문이다. 이는 곧 대학에 진학하여 체육을 본격적으로 배우기 위한 준비가 되어 있다는 의미이기도 하다. 이 책을 읽으며 체육에 대해 더 전문적으로 알고 싶어졌고 자신이 잘하는 운동에 대해 탐구할 준비가 되었다면 앞으로 이어지는 내용을 참고하기 바란다.

꿈은 바뀌어도 된다.

진로 활동 영역에 기록되는 내용뿐 아니라 비교과 활동과 세특에서도 마찬가지다. 만약 이 글을 읽고 있는 학생이 고등학교 2학년 말이라면 아직 충분히 가능성이 있다. 1년 동안의 활동을 마지막까지 정리할 수 있기 때문이다. 고등학교 3학년이라 하더라도 1학기 마감 이전이라면 여전히 가능성이 있다. 마지막에 추가로 만들어 낼 수 있는 한두 개의 활동만으로도 많은 것이 달라질 수 있다. 중요한 것은 자신이 원하는 꿈과 체육대학 진학 사이의 연결성을 얼마나 잘 보여 주느냐이다. 고등학교 1학년 때 꿈이 군인이었거나 스튜어디스였거나, 혹은 약사였다고 하더라도 체육과 연결되는 지점을 충분히 찾을 수 있다. 오히려 나는 자신의 꿈이 비교적 명확했던 학생들의 진로 역량이 더 두드러진다고 평가한다. 대학 역시 같은 관점을 가진다. 하나의 꿈을 가지고 고등학교 1학년부터 3학년까지 꾸준히 노력해 대학에 진학하고 이후 그 꿈을 더 발전시킨다면 가장 이상적인 모습일 것이다. 그러나 현실적으로 고등학교 1학년 때 정한 꿈이 성인이 된 이후까지 그대로 이어지는 경우는 많지 않다. 체대학종으로 진학한 학생들 역시 대학에 들어간 이후에는 자신의 꿈이 조금씩 바뀌기도 한다. 하지만 이는 단순한 변화라기보다 발전에 가깝다. 자신이 경험한 것들을 바탕으로 흥미와 적성에 맞는 새로운 방향을 찾고 그 안에서 더욱 성장하게 된다. 대학에서는 이러한 과정을 진로 탐색을 위한 구체적인 활동과 경험이라고 표현한다.

자신의 꿈을 발전시켜 나가야 한다.

예를 들어 과거에 군인을 꿈꾸었다면 운동을 좋아했기 때문에 그런 선택을 했을 가능성이 높다. 그 경험을 체육대학과 연결시키면 된다. 스튜어디스를 꿈꾸었다면 활동적인 환경을 좋아했거나 다른 사람을 돕고 행복하게 만드는 일을 좋아했기 때문일 수도 있다. 그 역시 체육 분야와 연결할 수 있다. 약사를 꿈꾸었다면 스포츠 안에서 과학적 요소나 의학적 요소와 연결해 볼 수 있다. 어떤 꿈이든 체육이라는 분야 안에서 발전시킬 수 있다. 만약 아직도 자신의 꿈을 찾지 못했다면 스스로 찾아보고 조사하고 탐구해 보기 바란다. 자신이 원하는 직업을 탐색하는 과정 자체가 진로 역량을 높이는 활동이 된다. 주도적으로 참여하고 적극적으로 탐색하라. 그렇게 한다면 대학이 요구하는 진로 역량을 갖춘 인재로 성장하게 될 것이며 체대학종 합격으로 이어질 가능성도 높아질 것이다.

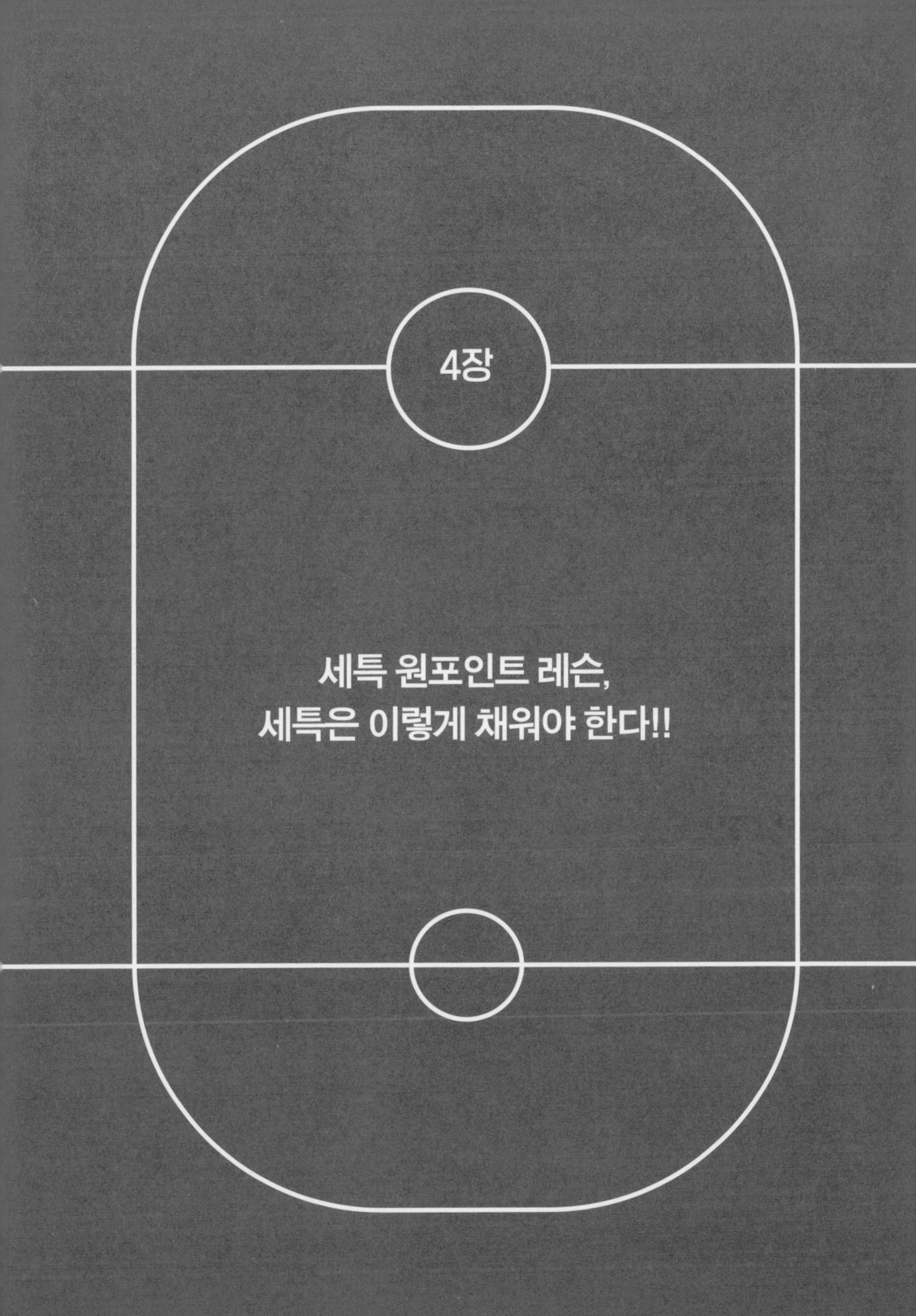
4장

세특 원포인트 레슨,
세특은 이렇게 채워야 한다!!

세특에 대한
오해와 편견

　세부능력 및 특기사항은 교과학습 발달상황 아래에 포함된 영역이다. 그렇다면 좀 더 큰 범위에서 교과학습 발달상황에서 가장 많이 평가되는 역량은 무엇일까? 바로 학업역량이다. 학업성취도, 학업태도, 탐구력이 드러날 수 있는 영역이기 때문이다. 그중에서도 학업성취도에 해당하는 것이 우리가 흔히 말하는 '내신'이다. 그렇다면 질문을 다시 던져 보겠다. 생활기록부에서 가장 중요한 역량은 무엇일까? 요즘 대부분의 학생부종합전형 준비생들은 학업역량이라고 대답한다. 실제로 많은 대학의 평가 요소를 살펴보면 학업역량이 차지하는 비중은 평균적으로 약 40% 정도로 상당히 높은 편이다. 그래서 컨설팅 현장에서 학생부종합전형에 대해 충분히 조사하고 온 학부모와 학생들을 만나 보면 가장 중요한 요소 가운데 하나로 학업역량을 꼽는 경우가 많다.

　그렇다면 또 하나의 당연한 질문을 던져 보겠다. '내신'은 얼마나 중요할까? 당연히 매우 중요하다. 내신은 학업역량에서 큰 비중을 차지한다. 체대학종의 합격 과정에서도 이 부분은 상당히 중요한 요소로 작용한다. 앞서 말했듯이 내신은 학업성취도로서 학업역량 안의 하위 요소에 해당한다. 결국 우리가 가장 중요하다고 말하는 학업역량은 학업성취도, 즉 '내신'과 밀접하게 연결되어 있다. 그러나 내신은 올리는 데 한계가 있다. 학교 안에서 경쟁자들과 함께 노력한다고 해서 항상 성적이 올라가는 것은 아니다. 어느 정도 통제가 어려운 영역이기도 하다. 열심히 노력했다고 해서 반드시 결과가 따라오는 것은 아니다. 때로는 더 노력한 학생이 좋은 성적을 받기도 하고, 때로는 운에 따라 등급이 달라지기도 한다. 그렇다고 해서 내신을 포기하라는 의미는 아니다. 다만 내신보다 더 중요한 요소도 있다는 뜻이다. 내신은 학생부종합전형에서 분명 중요한 비중을 차지하지만, 내신을 제외하고 평가한다면 무엇이 더 중요한 요소가 될까?

　수업 시간에 보여 주는 학업태도 역시 중요한 평가 요소다. 교사들의 평가 대상이기도 하고 대학에서도 이러한 부분을 살펴본다. 하지만 나는 그보다 더 중요한 요소로 '탐구력'을 꼽고 싶다. 학업역량은 곧 탐구력이라고 할 수 있다. 자신이 무엇을 좋아하는지 알고, 그 주제를 바탕으로 심화 탐구와 후속 탐구를 이어 가며 그 과정이 수업 시간에 배운 내용과 융합되어 나타난다면 그 학생은 적극적으로 탐구하는 학생으로 평가받는다. 탐구력이 높아지면 자연스럽게 학업역량에 대한 평가도 좋아진다. 내신은 어찌 보면 학업역량에서 가장 기본적인 점수에 해당한다. 하지만 학생의 합격 여부를 결정짓는 요소는 결국 탐구력이다. 세부능력 및 특기사항에서 우리가 집중해서 보아야 할 부분도 바로 이것이다. 체대학종에서 원하는 인재 역시 이러한 탐구력을 갖춘 학생이다.

예를 들어 다음과 같은 두 학생이 있다고 가정해 보자. 첫 번째 학생은 수업 시간에 조용히 앉아 수업에 참여하고 졸지 않으며 교사가 제시한 문제를 성실하게 풀고 수행평가 활동도 꾸준히 수행하는 학생이다. 두 번째 학생은 수업 시간에 교사에게 질문을 던지고, 과제가 주어지면 그 과제를 바탕으로 추가적인 후속 탐구를 진행한다. 만약 과제가 주어지지 않는다면 스스로 탐구 주제를 찾아 활동을 이어 가는 학생이다. 여러분이라면 두 학생 가운데 누구를 선택하겠는가? 대부분은 두 번째 학생을 선택할 것이다. 이는 앞선 장에서 설명했던 '적극성'과도 연결되는 부분이다. 대학이 원하는 인재 역시 이러한 학생이다. 단순히 배운 내용을 외우는 수동적인 학생이 아니라, 배운 내용을 바탕으로 융합적인 활동을 찾아내고 자신의 진로와 연결하여 창의적인 활동을 만들어 내는 학생이다.

세부능력 및 특기사항에는 다양한 교과목이 기록된다. 특히 고교학점제가 시행되면서 선택 과목의 종류가 다양해졌고, 그 안에서 배우는 내용과 활동 역시 상당히 다양해졌다. 자신이 원하는 과목을 선택해 즐겁게 공부하는 학생도 있고, 원하는 과목을 선택하지 못해 아쉬움을 느끼는 학생도 있을 것이다. 그러나 체대학종으로 가기 위한 원칙은 단 하나다. 어떤 과목이든 자신의 활동을 만들어 내는 학생이 되는 것이다. 체대학종에서 중요하게 보는 탐구력은 사실 진로역량과도 연결되어 있다. 진로역량에는 '진로 탐색 활동과 경험'이라는 요소가 포함되어 있다. 예를 들어 경희대학교의 평가 기준으로 표현하면 학생이 주도적으로 수행한 진로 탐색 활동과 경험을 의미한다. 대학의 관점에서 이를 살펴보면 흥미로운 결과가 나타난다. 우리는 탐구력을 바탕으로 학업역량을 높인다. 그리고 탐구를 진행할 때 교과와 연계된 탐구 활동을 통해 자신의 진로와 관련된 탐색을 이어 간다. 그렇게 되면 진로 탐색 활동과 경험을 통해 진로역량도 함께 높아진다. 동시에 탐구력이 향상되면서 학업역량 역시 강화된다.

하지만 시간이라는 자원은 한정되어 있다. 예를 들어 A학생은 생활기록부를 잘 채우기 위해 학업역량이 중요하다는 사실을 알고 각 과목별 탐구 활동을 열심히 수행한다. 반면 B학생은 자신의 꿈인 스포츠 과학 연구원과 연계된 활동을 중심으로 교과 내용을 융합해 탐구 활동을 진행한다. 목표가 분명하고 실행 방법이 효과적이라면 학생이 작성하는 보고서나 탐구 활동의 질은 자연스럽게 높아진다. A학생의 경우 학업역량만 강화되었을 가능성이 높다. 그러나 B학생은 자신이 하고 싶은 활동을 통해 학업역량과 진로역량을 동시에 채웠다. 물론 모든 과목이 체육과 직접적으로 연결되는 것은 아니다. 과목별 내용 가운데 체육과 쉽게 연결되지 않는 부분도 존재한다. 그러나 정보가 넘치는 시대에서 체육과 연결할 수 있는 가능성을 완전히 배제할 수 있을까? 노력한다면 자신만의 창의적인 융합 활동을 만들어 낼 수도 있다. 아니, 분명히 만들어 낼 수 있다.

세특에서 활용하는
구체성

　체대학종에서 원하는 인재는 결국 대학이 원하는 인재와 같다. 대학은 학문을 배우는 곳이며, 학생들은 대학에서 배운 학문을 바탕으로 사회 속에서 자신이 원하는 분야로 나아가 꿈을 펼치게 된다. 그러나 이 과정에는 하나의 중요한 중간 단계가 있다. 학생은 대학에서 배운 학문과 대학 생활 속에서 쌓은 다양한 경험을 통해 자신의 진로를 더욱 구체적으로 만들어 간다. 즉, 경험을 통해 학문을 활용할 줄 알고 그것을 자신의 것으로 만들어 내는 역량이 필요하다. 이러한 역량을 갖춘 인재가 바로 체대학종에서 원하는 인재이다. 이러한 방향성은 세부능력 및 특기사항에서도 평가 대상이 된다. 지금은 융합의 시대이다. 정보는 이미 넘쳐나고 있으며 우리는 그 가운데 자신에게 필요한 정보를 선별해 자신의 방식으로 활용할 수 있어야 한다. 이것이 오늘날 중요한 역량이 되었다.

예를 들어 대학을 졸업한 뒤 스포츠 에이전트가 되기를 원하는 학생 가운데 로스쿨을 선택하는 경우가 있다. 사법시험이 폐지되고 로스쿨 졸업 후 변호사 시험을 통해 법조인이 되는 제도로 바뀌었을 때 처음에는 우려의 목소리도 있었다. 하지만 나는 이러한 변화가 시대적 흐름을 반영한 것이라고 생각한다. 단순히 정보를 암기하는 능력보다 정보를 찾는 능력, 그리고 그 정보를 활용할 수 있는 능력이 중요해졌기 때문이다. 자신이 배운 학문적 지식을 다양한 분야와 연결하고 융합할 수 있는 능력이 더욱 중요해진 것이다. 세부능력 및 특기사항에서도 이러한 창의적 융합 능력을 보여 줄 수 있어야 한다.

앞선 장에서 세특에서도 체육과 관련된 진로와 학업역량을 충분히 드러낼 수 있는 활동을 만들어 낼 수 있다고 설명했다. 오늘날 인터넷을 활용하면 원하는 정보를 검색하는 것만으로도 몇 초 안에 필요한 자료를 찾을 수 있다. 적절한 키워드만 입력하면 5초에서 10초 사이에 원하는 정보가 나타나는 시대이다. 그러나 단순히 정보를 찾는 것만으로는 충분하지 않다. 찾은 정보를 바탕으로 자신의 진로와 연결하고, 그 과정에서 학업역량을 드러낼 수 있는 탐구 과제나 활동으로 발전시키는 과정이 필요하다. 그렇다면 학업역량의 탐구력과 진로역량을 동시에 보여 줄 수 있는 활동에는 어떤 것들이 있을까? 이제 실제 사례를 통해 살펴보도록 하겠다.

확률과 통계 : 주제 탐구 활동으로 '동네 축구팀이 어떻게 유럽의 최상위 1부 리그까지 진출했을까'라는 보고서를 제출함. 스포츠 원 솔루션(Sports One Solution)이라는 빅데이터 스포츠웨어를 적극 활용한 사례를 중심으로 설명하며, 선수의 건강 상태와 경기력을 분석하는 과정을 제시함. 코치 스태프가 선수들의 신체적·정신적 건강 정보를 수집하고 이를 분석 및 교차 비교하여 득점력, 홈경기와 원정 경기 간 득점 차이, 골이 발생하는 순간 선수들이 느끼는 심리적 압박 정도 등 세부적인 경기력 관련 데이터를 파악할 수 있음을 설명함.

확률과 통계에서 진행한 활동을 살펴보면 이 학생이 어떤 진로에 관심을 가지고 있는지 확인할 수 있으며, 자신이 배운 확률과 통계, 그리고 분석의 개념을 실제 사례와 연결해 활용했다는 점도 알 수 있다. 단편적으로 보더라도 학업역량과 진로역량이 비교적 균형 있게 드러난 사례라고 볼 수 있다. 사실 이 정도 수준으로 채워진 생활기록부도 드문 편이기 때문에 나는 이 사례에 비교적 좋은 점수를 주고 싶다. 다만 아쉬운 점이 있다면 내용 자체의 구체성이 충분히 드러나지 않고 활동의 설명에 치중되어 있다는 점, 그리고 학생이 희망하는 진로 분야가 분명하게 강조되어 보이지 않는다는 점이다. 그렇다면 이러한 요소들을 모두 충족시키는 사례도 존재할까?

영어 독해와 작문: 미래에 스포츠 전문 해외 통역사를 꿈꾸는 학생으로, 자신의 관심 분야인 축구와 관련한 내용을 영어 보고서로 작성하여 제출함. 문법과 어휘 활용 능력이 뛰어난 학생임. e스포츠 종목인 리그오브레전드에서 활동하는 유명 통역사의 사례를 설명하며, 스포츠 전문 해외 통역사에게 요구되는 역량으로 순간적인 판단력, 빠른 통역 능력, 스포츠에 대한 전문적인 이해가 필요함을 제시함. 마지막으로 자신의 영어 활용 능력 향상을 위해 향후 영어 학습과 활용 계획을 설정하는 후속 탐구 활동을 진행함.

세특에서 구체성이 제대로 활용된 사례이다. 앞선 사례가 활동 내용의 자세함을 중심으로 설명되었다면, 이번 사례에서는 구체성이 더욱 두드러진다. 이 학생이 왜 이러한 보고서를 제출하게 되었는지, 그리고 자신이 원하는 직업과 진로 분야가 무엇인지가 자연스럽게 드러나며 자신의 스토리가 나타난다. 자신이 원하는 꿈을 이루기 위해 '영어 독해와 작문'이라는 교과목을 활용해 영어 보고서를 제출하게 되면 학업역량과 진로역량이 동시에 드러나게 된다. 여기에 마지막으로 후속 탐구까지 이어졌을 때 이러한 활동은 학생의 동기와 보고서의 내용, 그리고 느낀 점과 후속 탐구까지 모두 포함된 인상적인 생활기록부 기록으로 남게 된다.

보통 고등학교 1학년에서 2학년으로 올라가는 시점이 되면 자신의 생활기록부에 기록되는 활동들이 어떤 형태의 결과로 정리될지 어느 정도 예측할 수 있게 된다. 그러나 이미 결과를 보고 움직이는 것보다 미리 예측하고 준비하는 것이 훨씬 도움이 된다. 이러한 예측을 가능하게 하고 좋은 결과로 이어지게 하는 요소가 바로 '구체성'이다. 단순히 활동의 내용만 기록되는 것이 아니라 그 활동을 하게 된 동기와 느낀 점이 함께 기록될 때 의미 있는 생활기록부가 만들어진다.

일반적으로 보고서의 구조를 살펴보면 계기, 내용, 소감이라는 형태로 구성되어 있다. 대부분의 학생들은 이 가운데 '내용' 부분을 가장 많이 채우려고 한다. 그러나 나는 오히려 계기와 소감을 더 강조한다. 이것이 바로 동기와 느낀 점이며, 학생 자신의 이야기이기 때문이다. 자신의 이야기가 드러나기 위해서는 내용보다도 동기와 느낀 점을 분명하게 드러내는 것이 중요하다. 그 과정에서 자신이 관심을 가지는 세부 분야와 직업, 그리고 꿈이 자연스럽게 나타나게 된다. 이러한 방식으로 생활기록부가 작성될 때 학업역량과 진로역량이 더욱 뚜렷하게 드러난다. 결국 자신이 체육 또는 자신이 관심을 가지는 융합 분야에서 어떤 경험을 했는지, 그리고 그

경험을 어떻게 보고서라는 형태로 발전시킬 수 있을지에 대해 고
민하고 실천하는 과정이 필요하다.

선생님과의 관계가
멋진 세특을 만든다

체대학종 준비의 제1원칙은 바로 학교 선생님과의 관계이다. 물론 체대학종을 준비하는 학생이라면 이러한 기본적인 원칙은 이미 잘 지키고 있을 것이라고 생각한다. 학교에서 기본적인 태도와 행동만 성실하게 유지해도 생활기록부는 자연스럽게 좋은 내용으로 채워지게 된다. 교사 역시 사람이기 때문에 자신에게 예의 바르게 행동하고 학교 생활에 긍정적인 분위기를 만들어 주는 학생에게 자연스럽게 더 많은 관심을 갖게 된다. 주변 친구들을 도와주고 학습이 조금 뒤처진 학생들을 이끌어 주는 행동은 그대로 생활기록부에 기록될 수밖에 없다. 누구에게 잘 보이기 위해 의도적으로 한 행동이 아니라 학생의 태도에서 자연스럽게 드러난 모습이기 때문이다.

나는 사범대학교 체육교육과를 졸업했기 때문에 주변에 현직 교사로 근무하는 동기나 선후배들이 많다. 그들을 만나면 항상 하나의 질문을 던진다. 학생들 가운데 교사에게 찾아와 1대1로 질문을 하는 학생이 있는지, 그리고 그런 학생을 만났을 때 어떤 기분이 드는지에 대해 묻는다. 대화를 통해 확인한 사실은 생각보다 1대1로 질문하는 학생이 매우 적다는 것이었다. 그리고 그런 학생을 만났을 때 교사들이 공통적으로 느끼는 감정은 자부심이라는 것이었다. 자신에게 찾아와 눈을 맞추고 진지한 눈빛으로 교과 내용이나 활동에 대해 질문하는 학생을 미워할 교사는 없다. 오히려 그런 학생에게 더 눈길이 가고 한 번이라도 더 챙겨주고 싶어지는 것은 자연스러운 일이다. 어떻게 보면 매우 당연한 행동이지만 많은 학생들이 이러한 행동을 실천하지 못하고 있는 것이 현실이다.

생활기록부를 잘 관리하기 위해 학교 교사와의 관계가 중요하다는 사실이 바로 떠오르지 않는 학생들도 있을 것이다. 또는 자신이 놓치고 있는 부분이 무엇인지 확인하고 싶은 학생에게도 이 내용은 의미가 있을 것이다. 이 책을 읽는 학생 가운데 비교적 소심하거나 먼저 나서기 어려운 성격의 학생이라면 앞으로 학교에서 어떤 태도로 생활해야 하는지에 대해서도 도움을 얻을 수 있을 것이다.

고등학교에 진학하는 순간 많은 학생들은 내신을 중심으로 공부해야 할지, 수능 중심으로 공부해야 할지 고민하게 된다. 특히 최근에는 고교학점제가 도입되면서 이러한 고민의 시점이 더 빨라진 것처럼 보인다. 고등학교 2학년이 되면 진로 방향이 어느 정도 정해지면서 정시를 준비하는 학생 가운데 일부는 학교 수업에 집중하지 않고 개인 문제집을 풀거나 수업에 대한 관심이 점점 줄어드는 모습을 보이기도 한다. 늦은 시간까지 집에서 공부하다 보면 수업 시간에 졸기도 하고, 눈을 뜨고 있더라도 수업에 집중하지 못하는 경우가 생긴다.

하지만 체대학종을 준비하는 학생이라면 수업 시간은 매우 중요한 시간이다. 체대학종에서 대학이 원하는 인재는 대학에 진학한 뒤 교수와 적극적으로 소통하고 동료 학생들과 자신이 배우는 이론을 함께 토론하며 학문적 교류를 이어 갈 수 있는 학생이다. 때로는 조용한 성격일지라도 팀원들의 부족한 부분을 채워 주고 보이지 않는 곳에서 역할을 수행할 수 있는 학생이기도 하다. 이러한 역량은 대학에 들어가서 갑자기 생기는 것이 아니라 고등학교 생활 속에서 자연스럽게 형성된다. 그렇기 때문에 학급 안에서 이루어지는 활동과 태도가 매우 중요하다.

수업 시간에 졸지 않기, 수업 시간에 교사와 눈을 맞추며 집중하기는 매우 기본적인 행동처럼 보인다. 그러나 이러한 태도를 유지하며 수업을 듣다 보면 교사의 설명을 이해하고 모르는 부분을 기록해 두었다가 질문할 수 있는 기회를 얻게 된다. 그렇게 수업을 듣다 보면 어느새 수업이 끝나 있을 때도 많다. 이전에는 지루하게 느껴졌던 수업이 점점 흥미롭게 느껴지고 질문을 통해 다른 학생들보다 더 많은 것을 얻어 갈 수 있게 된다. 교사 역시 이러한 학생을 점차 인정하게 되고 추가적인 과제나 활동을 제안하기도 한다.

수업에 성실하게 참여했을 뿐인데 학기가 끝나 생활기록부를 확인해 보면 자신의 활동이 긍정적으로 기록되어 있는 것을 발견하게 된다. 담임교사뿐 아니라 여러 교과 교사들이 해당 학생에 대해 좋은 평가를 남기게 된다.

담임교사와의 대화를 통해 다른 교과 교사들이 그 학생을 성실하고 앞으로가 기대되는 학생으로 평가하고 있다는 이야기를 듣게 되기도 한다. 수업 내용을 바탕으로 복습을 꾸준히 하다 보면 시험 기간에도 많은 시간을 투자하지 않았음에도 내신 성적이 점차 향상되는 경험을 하게 된다. 그 과정에서 학생은 점점 체대학종에 유리한 방향으로 성장하게 된다.

수업이 끝난 뒤 복도를 지나며 교사에게 밝게 인사를 건네는 것역시 중요하다. 시간이 지나면서 교사들은 그 학생을 자연스럽게 기억하게 된다. 친해진 체육교사와는 체육과 관련된 진로에 대해 다양한 이야기를 나눌 수 있게 되고, 평소 가까이 지내지 않았던 교사에게도 찾아가 교과와 체육을 연결할 수 있는 책이나 학습 자료를 질문하게 된다. 그렇게 학생을 인지하는 교사가 점점 늘어나고, 학생이 체대학종을 준비하고 있다는 사실도 자연스럽게 알려지게 된다. 심지어 학생의 꿈이 '스포츠 재활 트레이너'라는 사실을 학교의 여러 교사가 알고 있을 수도 있다. 이러한 과정 속에서 생활기록부에는 학생의 꿈과 노력에 대한 긍정적인 기록이 남게 되고 교사들 역시 그 꿈을 응원하게 된다.

그렇게 되면 학교생활 자체가 점점 즐거워지기 시작한다. 고등학교 이후에 진학하게 될 대학이라는 공간에 대한 궁금증도 커지고, 자신이 관심 있는 분야에 대해 더 깊이 배우고 싶다는 의지가 생긴다. 결국 학생은 자신의 진로와 관련된 학문을 누구보다 열심히 공부할 준비가 된 인재로 성장하게 된다.

고등학교 1학년의 세특,
무엇에 주목해야 하는가?

　사실 고등학교 1학년, 2학년, 3학년 모두 하나의 분야로 일관되게 활동을 기록해도 대학에 합격하는 학생들은 물론 존재한다. 하지만 굳이 고등학교 1학년을 2학년과 3학년과 구분하여 설명하는 이유는 분명히 있다. 이 장은 이제 막 체대학종 준비를 시작하는 고등학교 1학년 학생들을 위한 내용이며, 동시에 아직도 고등학교 1학년 수준의 생활기록부에서 크게 발전하지 못한 채 머물러 있는 고등학교 2학년이나 3학년 학생들에게도 도움이 될 것이다.

　고등학교 1학년 학생들에게 말하고 싶다. 아직 생활기록부는 끝나지 않았다. 1주일, 2주일이라도 추가할 수 있는 활동이 있다면 적극적으로 채워 넣어야 할 시기라는 점을 기억해야 한다. 그리고 아직도 생활기록부가 고등학교 1학년 수준에 머물러 있는 고등학교 2학년과 3학년 학생들도 이 내용을 주목해 볼 필요가 있다.

현장에서 컨설팅을 진행하다 보면 고등학교 1학년임에도 불구하고 이미 고등학교 3학년 1학기 수준에 가까운 생활기록부를 갖춘 학생들도 드물게 발견된다. 물론 매우 소수의 사례이지만 분명 존재한다. 그렇다면 고등학교 1학년과 2·3학년의 생활기록부를 구분하는 기준은 무엇일까? 나는 그 기준을 '진로역량'에서 찾고 있다. 생활기록부는 보통 1학년에서 2학년, 2학년에서 3학년으로 자연스럽게 연결되며 발전한다. 흥미로운 점은 생활기록부에 기록되는 활동 역시 학년이 올라갈수록 점점 발전한다는 것이다. 학교생활을 1년, 2년 경험하면서 학생들은 활동을 만들어 가는 방법을 점점 깨닫게 되고 그 결과 활동의 수준도 창의적이고 심화된 형태로 발전하게 된다. 그리고 이 과정에서 학생의 관심 분야 역시 함께 발전한다.

따라서 고등학교 1학년 때 가장 먼저 해야 할 일은 자신의 관심 분야를 찾는 것이다. 단순히 '체육'이라는 막연한 진로를 생각하며 활동을 채우는 것이 아니라 자신이 체육 분야 안에서 어떤 영역에 관심이 있는지를 찾아내야 하는 시기이다. 어떤 사람들은 고등학교 1학년 때부터 자신의 관심 분야를 어떻게 찾을 수 있는지 의문을 가질 수도 있다.

하지만 체대학종은 조금 다르다. 다른 학생들에 비해 체육이라는 분야에 대한 관심이 비교적 분명하기 때문이다. 자신이 좋아하는 운동과 체육이라는 분야 안에서 조금 더 깊이 들어가기만 하면 된다. 이미 체대학종으로 진학하겠다는 결심을 했다면 그 자체로 어느 정도 준비가 된 상태라고 볼 수 있다.

그렇다면 고등학교 1학년 시기에 자신의 진로 분야를 어떻게 찾아야 할까? 이를 위해서는 먼저 체육대학 안에 어떤 학과들이 존재하고 각 학과가 어떤 교육과정과 커리큘럼을 가지고 있는지 이해하는 것이 중요하다. 일반적으로 체육대학의 학과는 크게 네 가지 분야로 구분할 수 있다. 스포츠 과학, 스포츠 의학, 스포츠 산업, 체육교육이 그것이다. 이 외에도 다양한 융합 학과들이 존재하지만 이에 대해서는 별도의 장에서 다루지 않겠다.

보통 고등학교 1학년 시기에는 체육에 대한 관심을 구체적으로 정리해 가는 단계이기 때문에 생활기록부 역시 체육에 대한 비교적 넓은 관심을 보여 주는 형태로 채워지는 경우가 많다. 활동들이 하나의 특정 분야에만 집중되기보다는 과학, 의학, 산업, 교육 등 다양한 영역을 탐색하는 형태로 나타나는 경우가 많다. 1학년 때 자신의 진로 고민을 어느 정도 정리한 학생들은 2학기부터는 체육 분야로 방향을 분명하게 설정하고 보다 적극적으로 활동을 채우기 시작한다. 그러나 그렇지 못한 경우에는 "나는 체육에 관심이 있고 체육 분야로 가는 것이 맞는 것 같다"는 막연한 생각만으로 생활기록부가 채워지게 된다. 그 결과 다른 학생들과 특별한 차별점이 없는 생활기록부가 만들어질 가능성이 높다.

물론 이러한 상황에서도 각 교과목에서 자신의 탐구력을 보여 줄 수 있는 적극적인 활동과 후속 탐구가 이루어졌다면 그 학생은 탐구력 측면에서 좋은 평가를 받을 수 있다. 고등학교 1학년의 생활기록부는 이러한 방식으로 채워져도 충분하다. 다만 자신이 관심을 가지는 분야에 대한 탐구 활동이 어느 정도의 연결성을 가지고 나타나는 것이 좋다. 만약 아직도 진로에 대한 고민이 끝나지 않은 학생이 있다면 이제는 진학을 위한 잠정적인 결정을 내려야 할 시점이다. 체대학종은 인공지능 산업의 발전 속에서도 인간이 가진 고유한 역량을 발휘할 수 있는 분야이며 대학에서 원하는 인재로 성장할 수 있는 기회를 제공하는 전형이기도 하다.

만약 고민을 어느 정도 정리했다면 이제 고등학교 2학년 생활기록부에서는 자신이 관심을 가지는 세부 분야가 보다 분명하게 드러나야 한다. 생활기록부 안에 단순히 관심 분야만 기록되는 것이 아니라 구체적인 직업까지 연결되어 나타난다면 그 학생의 진로역량은 더욱 두드러질 것이다. 교과 교사들이 학생이 어떤 분야에 관심을 가지고 있는지, 그리고 어떤 꿈을 가진 학생인지 분명하게 이해하게 되면 생활기록부 역시 자연스럽게 진로와의 연결성이 뚜렷하게 기록된다. 그렇게 되면 고등학교 3학년 시기에는 자신이 선택한 진로 방향을 중심으로 활동들이 더욱 집중적으로 드러나게 된다.

이러한 과정을 위해서는 고등학교 1학년 시기부터 자신이 관심을 가지는 분야가 스포츠 과학인지, 스포츠 의학인지, 스포츠 산업인지, 혹은 체육교육인지 탐색하는 과정이 필요하다. 다양한 활동을 통해 진로를 탐색하는 자기주도적인 탐구 활동을 진행해야 한다. 그리고 하나의 방향을 정했다면 그 방향을 중심으로 활동을 이어 가는 것이 좋다. 물론 중간에 진로가 바뀔 수도 있다. 그것 역시 진로를 탐색하는 과정의 일부이기 때문이다. 다만 체육이라는 큰 틀 안에서 진로가 변화한다면 그 경험 역시 체육 분야의 진로역량 을 높이는 과정이 될 것이다. 만약 지금 여러분의 생활기록부가 아 직도 고등학교 1학년 수준에 머물러 있다면 더 이상 고민만 하지 말고 실천하기 바란다. 그리고 만약 진로에 대한 고민이 어느 정도 정리되었다면 다음 장으로 넘어가 각 분야에 맞는 세특 활동을 어 떻게 채울 수 있을지 살펴보기를 바란다.

스포츠과학과에 관심 있는
아이의 세특, 이것을 드러내라

스포츠 과학과에 관심이 있는 학생은 어떤 학생일까? 특정 분야에 대한 흥미를 느끼게 되었다면 그 다음 단계에서 살펴봐야 할 것은 바로 직업 분야이다. 다양한 직업 분야를 조사하다 보면 '이런 분야로 나아가도 재미있겠다'라는 생각이 점점 더 확고해지게 된다. 그리고 자신의 생활기록부에 기록된 활동들과 이러한 관심 분야가 자연스럽게 맞아떨어진다면 이제는 해당 분야에 맞추어 생활기록부의 활동을 정리하고 발전시킬 시점이 된다. 스포츠 과학과와 관련된 진로를 살펴보면 그 영역은 매우 다양하다. 특히 최근 AI 시대가 도래하면서 스포츠와 융합할 수 있는 직업 역시 빠르게 증가하고 있다. 스포츠와 관련된 다양한 과학 장비를 개발하는 스포츠 AI 및 웨어러블 전문가와 같은 직업도 등장하고 있으며 이 외에도 스포츠 과학과 연계된 다양한 직업 분야가 존재한다.

지도,코칭 계열 : 전문 스포츠 지도사, 노인 스포츠 지도사, 유소년 스포츠 지도사, 학교 운동부 지도교사, 헬스 트레이너, 피지컬 트레이너, 재활 트레이너, 체력 코치, 선수 퍼포먼스 코치, 스포츠 심리 상담사, 스포츠 멘탈코치, 노인 체육 전문가, 장애인 스포츠 지도사

과학 연구 계열 : 운동 역학 분석가, 스포츠 과학 연구원, 운동 생리학 연구원, 체력 측정 및 분석 전문가, 스포츠 데이터 분석 계열 , 스포츠 빅데이터 전문가, 스포츠 테크 연구원, 스포츠 기록 분석 연구원, 스포츠 심리 연구원, 스포츠 AI 및 웨어러블 전문가

많은 사람들이 스포츠 과학이라고 하면 과학 연구 계열을 먼저 떠올리지만 실제로는 지도와 코칭 분야로도 상당히 많이 진출하는 것이 스포츠 과학 분야의 특징이다. 또한 스포츠 과학 안에서 다루는 영역 역시 매우 넓다. 스포츠 심리, 스포츠 영양, 운동 생리학, 운동 역학 등 다양한 과학 분야와 연결되어 있다. 이러한 과학적 영역을 폭넓게 접하고 탐구할수록 자신의 진로 방향을 더욱 분명하게 설정하는 데 도움이 될 것이다. 그렇다면 스포츠 과학 분야를 희망하는 학생의 생활기록부는 보통 어떤 방식으로 드러나야 할까? 어떤 내용이 기록되어야 대학의 스포츠 과학과에서 선발하고 싶은 인재로 보일 수 있을까? 이제 몇 가지 사례를 통해 살펴보자.

진로 활동	체육 관련학과로 진학하여 졸업 후 선수 트레이너로 활동하는 것을 희망함. 고등학교 1학년까지 축구 선수로 활동하며 부상으로 꿈을 포기한 경험이 있어 선수들의 경기력 향상과 관리를 위해 선수 트레이너라는 직업이 얼마나 필요하고 중요한지에 대한 인식이 있음. 이를 토대로 선수들의 부상을 통한 심리적이고 신체적인 문제를 다뤄주는 선수 트레이너가 되겠다는 보고서를 제출함. '체육학 개론', '운동 선수는 외계인인가?' 등의 온라인 강의를 수강하며, 트레이닝의 원칙과 단계 등에 대해 학습하고 수업을 들으며 생긴 궁금증을 바탕으로 '스포츠의 트레이닝 원리'라는 기사를 통해 후속 탐구를 진행함.

앞서 설명했듯이 희망 분야 항목은 원서 접수 시 반영되지 않기 때문에 공란으로 두었다. 위의 진로활동 내용을 살펴보면 학생이 왜 선수 트레이너라는 직업을 선택하게 되었는지, 그리고 어떤 경험을 바탕으로 그 꿈을 가지게 되었는지가 분명하게 기록되어 있다. 이러한 생활기록부를 만들기 위해서는 진로활동에서 작성하는 보고서의 역할이 매우 중요하다. 자신의 경험을 최대한 반영하여 스포츠 과학과에 지원하려는 이유를 명확하게 드러내야 하기 때문이다. 또한 이 사례의 중요한 특징은 학생의 꿈이 분명하게 노출되어 있다는 점이다. 이 학생이 '선수 트레이너'라는 직업을 희망하고 있다는 사실이 명확하게 드러난다. 그 이유는 해당 직업이 활동 내용 속에서 명시적으로 표현되어 있기 때문이다. 꿈이 전문 스포츠 지도자이든 체력 코치이든 상관없이 자신의 진로를 보여 줄 수 있는 직업 명칭을 분명하게 드러내는 것이 중요하다.

그다음으로 진로역량이 잘 드러날 수 있는 활동은 동아리 활동이다. 동아리를 선택할 때 학생들은 많은 고민을 하게 된다. 동아리 활동으로 가장 추천할 수 있는 형태는 스포츠 과학과 관련된 융합 동아리이다. 동아리의 명칭 자체는 크게 중요하지 않다. 만약 학교에 해당 동아리가 없다면 스포츠에 관심 있는 친구들을 설득하여 동아리를 새롭게 개설하는 것도 좋은 방법이 될 수 있다. 이러한 시도와 노력 자체도 결과적으로 생활기록부에 긍정적인 영향을 미칠 가능성이 높다. 그렇다면 마지막으로 세부능력 및 특기사항, 즉 세특에서는 어떤 방식으로 스포츠 과학과 연결되는 활동을 만들어 낼 수 있을까?

확률과 통계 : 수학적 사고력과 문제 해결력이 매우 탁월한 학생으로 수업에 진지하게 몰입하는 모습이 인상적임. 체육 분야에서 통계의 활용에 관심이 많은 학생으로 '스포츠와 빅데이터'를 주제로 탐구 후 발표함. 빅데이터의 의미와 속성에 대해 설명하며 스티칭 기술과 트래킹 기술을 사용해 본인이 좋아하는 축구 경기에서 일어나는 다양한 상황과 움직임을 분석 및 수치화 함. 영국 epl의 특점 팀들을 대상으로 각 팀과 선수들의 각종 지표를 보여주는 통계를 활용한 축구 분석 시스템의 원리에 대해서 소개하며 자신의 희망 분야인 스포츠 과학 분야로의 진로를 확고히 함.

생활과 윤리 : 자신의 진로 분야인 운동 생리학 연구원 관련 영상 시청 후, 경험의 중요성을 깨닫고 철학자 베이컨이 강조한 진리 추구 방법인 경험과 실험의 중요성을 자신의 진로와 연결하여 탐구함. 여러 선수를 만났던 경험을 바탕으로 베이컨의 귀납적 추론 방법이 운동 생리학 연구원에게 필수적이며 운동 선수들 개개인마다 적용되는 운동 생리학적 기법이 다르다는 것을 깨달음. '베이컨의 우상론'을 적용하여 훈련하는데 방해되는 왜곡된 인식을 뜻하는 자신만의 '실험의 우상'을 만듦. 이 우상에서 벗어나기 위해 체형이 각기 다른 선수들의 훈련에는 각기 다른 경험과 자료에 근거한 귀납적 추론이 요구된다는 것을 알고 철학적 사고가 여러 분야에 영향력을 미치는 것을 인식함.

첫 번째 확률과 통계 시간에 기록된 생활기록부 사례는 자신의 관심 분야가 분명하게 드러나 있으며, 그와 연결된 현 시대의 이슈까지 함께 다루면서 구체성이 돋보이는 기록이다. 반면 두 번째 생활과 윤리 시간에 기록된 사례는 스포츠 과학적 요소가 완전히 직접적으로 드러난 활동은 아니지만, '운동 생리학 연구원'이라는 직업이 명확하게 노출되어 있다는 점에서 의미가 있다. 따라서 이 사례는 탐구력을 중심으로 한 학업역량뿐 아니라 진로역량까지 함께 보여 줄 수 있는 생활기록부로 기록될 수 있다. 교과목마다 기록되는 활동의 형태와 내용은 다양하지만 스포츠 과학 분야의 진로역량을 높이기 위해서는 위와 같은 방식의 접근을 참고할 수 있다.

스포츠 과학 분야는 지도·코칭 분야와 과학 연구 분야로 모두 확장될 수 있는 특징을 가진 분야이다. 이러한 특성을 바탕으로 대학에서 요구하는 인재로 성장하기 위해서는 자신의 직업과 진로 분야를 분명하게 드러내는 것이 중요하다. 이를 위해 진로활동과 동아리 활동뿐 아니라 세부능력 및 특기사항에서도 자신의 진로와 관련된 직업 명칭과 관심 분야가 자연스럽게 드러나도록 기록되는 것이 도움이 된다.

스포츠의학 분야에 관심 있는
아이의 세특, 이것을 어필하라

스포츠 의학이라는 분야는 다소 생소하게 느껴지는 사람들도 있을 것이다. 스포츠 의학은 스포츠 재활, 건강 관리, 운동 처방 등에 관한 내용을 다루는 분야이며, 어떤 측면에서는 스포츠 과학보다 더 심화된 학문 영역으로 볼 수 있다. 스포츠 과학이 과학이라는 큰 틀 안에서 다양한 영역을 폭넓게 다루는 분야라면, 스포츠 의학은 보다 깊이 있는 연구와 실천을 중심으로 생리학, 운동 역학, 영양, 재활, 운동 프로그램 설계 및 처방과 같은 분야를 다룬다고 이해할 수 있다. 이쯤에서 과학과 의학 분야를 굳이 구분할 필요가 있는지 의문을 가지는 사람도 있을 것이다. 실제로 스포츠 과학과 스포츠 의학의 요소를 함께 탐구하며 진로를 구성하는 학생들도 많기 때문에 두 분야를 엄격하게 구분하는 것이 반드시 필요한 것은 아니다. 다만 스포츠 안에서도 전문성이 높은 분야로 인식

되는 만큼, 학생들이 이 분야를 꿈꾸게 된 계기와 관심이 보다 분명하게 드러나기 좋은 영역이라는 점에서 의미가 있다.

현장 전문 직업 : 프로구단 메디컬 스태프, 국가대표 메디컬 코치, 스포츠 팀 재활 코디네이터, 선수 컨디션 매니저, 스포츠 의무팀 트레이너

처방, 재활, 트레이닝 : 건강운동관리사, 운동처방사, 임상운동사, 스포츠 AT 트레이너, 스트렝스 & 컨디셔닝 코치, 재활 운동 전문가, 재활 트레이너, 기능 운동 평가사, 물리 치료사

이 외에도 스포츠 의료기기를 개발하는 엔지니어나 스포츠 용품을 연구·개발하는 연구자 등 다양한 직업 분야가 존재하며, 스포츠 의학 분야는 앞으로도 성장 가능성이 높은 유망한 분야라고 할 수 있다. 병원에서 선수뿐 아니라 일반인을 대상으로 스포츠와 의학을 접목한 전문적인 치료와 재활을 수행하는 직업들도 이 분야에 포함된다. 특히 고령화 사회로 진입하면서 삶의 질을 높이기 위한 신체 건강 관리의 중요성이 커지고 있으며, 이에 따라 운동과 의료를 함께 활용하는 접근이 점점 더 강조되고 있다. 실버 스포츠 산업과 스포츠 의학 분야 역시 이러한 흐름 속에서 수요가 꾸준히 증가할 것으로 예상되며, 이를 기반으로 한 다양한 융합 학과도 점점 늘어나고 있다. 그렇다면 스포츠 의학 분야로 진학하기 위해 생활기록부에서 어떻게 어필할 수 있을까? 이제 그 예시를 살펴보도

록 하겠다. 우선 진로활동부터 살펴보도록 하겠다.

진로 활동	진로 심화 탐구 프로젝트 활동으로 '스포츠 재활 프로그램의 효과적 설계 원리 분석 및 스포츠 재활 프로그램 설계에 필요한 이론적 기반과 적용 사례 분석'을 주제로, 스포츠 재활과 물리치료의 공통점과 차이점을 분석함. 추가로 스포츠 재활 센터 프로그램의 종류와 재활에 성공한 국내외의 사례를 조사하며 자신이 무릎을 다쳤던 경험을 계기로 무릎 부위 부상자들을 위한 재활 프로그램 처방 방법과 자신의 진로인 '재활 트레이너'에 신념을 가지게 되었다는 소감을 함께 발표함. 후속 탐구 발표로 '스쿼트는 무릎에 독일까 약일까?' 라는 주제로 결국 무릎 근처의 협응근의 증가로 인해 장점이 더 많다는 결론을 도출하여 학생들의 큰 호응을 얻음.

자신의 꿈인 '재활 트레이너'에 대한 언급뿐 아니라 무릎 부상을 겪었던 경험을 바탕으로 그 꿈을 가지게 된 계기까지 드러난 구체적인 생활기록부이다. 스포츠 의학, 그중에서도 재활 계열 학과의 입장에서 보았을 때 이 학생의 진로활동은 진로역량 측면에서 높은 평가를 받을 가능성이 크다. 나는 스포츠 의학과에 합격한 학생 가운데 특히 기억에 남는 사례가 하나 있다. 스포츠 의학회를 주제로 한 동아리를 직접 설립해 학생들을 모으고 동아리 회장을 맡아 활동을 이끌다가 결국 스포츠 의학과에 합격한 학생의 사례였다. 동아리 활동을 고민하고 있는 학생들이라면 스포츠와 연계된 활동 가운데에서도 의학, 재활, 운동 처방과 관련된 동아리를 적극적으로 고려해 볼 것을 권하고 싶다. 물리치료 분야와 연계한 접근 또한 충분히 의미 있는 선택이 될 수 있다. 그렇다면 세부능력 및 특기사항에서 스포츠 의학 분야를 효과적으로 보여주는 생활기록

부 사례도 함께 살펴보도록 하자.

심지어 영어Ⅱ 과목에서도 스포츠 의학에 관심을 갖게 된 계기를 바탕으로 자신의 꿈인 건강운동관리사로 나아가고자 하는 진로 의지를 분명하게 드러내고 있다. 또한 언어와 매체 과목에서는 논설문 작성 활동을 통해 스스로 가설과 주제를 설정하고 이에 대한 유의미한 결론을 도출하는 과정 속에서 스포츠 의학 분야에 대한 관심과 탐구 의지를 보여주고 있다. 스포츠 의학은 이처럼 의학적 요소와 스포츠적 요소가 결합된 전문적인 융합 분야이다. 따라서 생활기록부에서도 동아리 활동과 진로활동 같은 비교과 영역뿐 아니라 세부능력 및 특기사항까지 균형 있게 연결되어 기록되는 것이 중요하다. 과목 선택 자체도 의미가 있지만, 그보다 각 과목 안에서 어떠한 탐구 활동을 수행했는지가 더욱 중요한 요소가 될 수 있다.

스포츠산업 분야에 관심 있는
아이의 세특, 이것에 신경써라

스포츠 산업 분야에 관심 있는 아이들의 특징이 있다. 스포츠를 단순히 '하는 것'에 그치는 것이 아닌, 그에 대한 본질을 꿰뚫어 보고 있는 아이들이다. 스포츠라는 문화가 주위의 여러 사람들의 노력으로 인해 만들어지는 하나의 산업이라는 것이 그들이 보는 스포츠를 바라보는 시선이다.

스포츠 산업 분야 안에는 정말 다양한 분야들이 자리잡고 있다. 흔히 알고 있는 스포츠 마케팅, 스카웃팅, 에이전시 관련 업무 말고도 미디어, 경영, 경제, 행정, 복지와 제도적인 측면들도 물론 산업 분야 안에 포함된다. 스포츠라는 산업을 이끄는 데 있어서 가장 중요한 전문 분야인 만큼 아이들이 가진 장점들이 분명한 분야이다.

"이런 직업도 있었나?"라고 느낄 정도로 사회는 빠르게 변화하고 있다. 스포츠 산업 역시 점점 고도화되고 있으며 과학과 결합된 산업 분야도 눈에 띄게 늘어나고 있다. 스포츠의 범위가 e스포츠까지 확장되면서 e스포츠 산업 안에서도 다양한 직군이 새롭게 등장하고 있다. 또한 스포츠 산업은 AI가 완전히 대체하기 어려운 영역 가운데 하나로 평가되며, 앞으로 시장 규모 역시 지속적으로 확대될 가능성이 크다. 그에 따라 스포츠 산업 분야에서 활동할 인재들의 역할과 필요성도 점점 커질 것이다. 스포츠 산업 분야의 인재들은 스포츠 자체뿐 아니라 다양한 산업 분야에도 관심을 보인다는 특징을 가지고 있으며, 이러한 관심을 바탕으로 스포츠 산업으로 진입하는 경우도 많다. 이 분야를 희망하는 학생들의 경우 기본적으로 기획력이 강점인 경우가 많고, 이러한 역량을 바탕으로 학교에서도 창의적인 탐구활동을 만들어 내는 모습을 보인다. 따라서 이러한 직군을 목표로 생활기록부를 준비한다면 가장 먼저 신경 써야 할 영역은 바로 진로활동이다.

진로 활동	주제탐구 프로젝트에 참여하여 '경영과 마케팅'이라는 팀에서 국제 경영과 글로벌 기업, 초국적 기업의 정의와 사례를 조사 및 발표함. 국제 경영의 정의를 설명하며 국제 경영의 유형과 종류를 포함한 8가지 사례를 조사 및 발표함. 국제 경영 모델에 따라 수익 구조가 달라진다는 의견을 포함하여 프레젠테이션 시트를 구성하고 발표를 주도함. 나중에 글로벌 역량 및 소통역량을 갖춘 스포츠 마케터가 되어 스포츠 산업체에서 일하고 싶다는 포부를 밝힘. 2학기 꿈드림 프로그램 '스포츠가 세상을 주도한다.'의 팀장으로서 스포츠 스폰서십을 주제로 e스포츠의 인기 상승에 따라 프로게이머를 모델로 하는 스폰서십이 일반 스포츠 시장을 넘어섰다는 결과를 발표함.	

자신이 관심을 가지고 있는 경영과 마케팅 분야를 점차 스포츠 영역으로 확장하며 진로역량을 분명하게 드러낸 사례이다. 스포츠 산업 분야 안에서도 글로벌 역량을 갖춘 스포츠 마케터가 되고 싶다는 포부를 명확히 밝히고 있으며, e스포츠를 언급함으로써 현재 스포츠 산업의 흐름과 트렌드 또한 잘 이해하고 있음을 보여준다. 스포츠 산업 관련 학과에서 선호하는 활동 유형은 이와 같이 일반적인 경영·산업 관련 내용과 스포츠 산업 관련 내용이 균형 있게 결합되어 진로역량을 보여주는 형태이다. 그렇다면 세부능력 및 특기사항에서도 이러한 사례를 한 번 살펴보도록 하자.

수학Ⅰ : 자신의 관심 분야인 스포츠 산업과 연계하여 '수열과 프로축구팀의 경기 관객 수 분석'을 탐구 주제로 선정함. 경기 관중 수의 증감을 분석하고 예측하는 모델을 수립한 뒤 실제 관중 수와 비교하여 정확성을 검증하는 시뮬레이션 활용 방식을 탐구함. 관중 수의 증감 패턴과 등차·등비수열의 유사성을 확인하고 이를 바탕으로 마케팅 활동과 팬 이벤트에 접목할 가능성을 기획하여 보고서로 제출함. 또한 후속 탐구로서 수열과 판매 데이터, 광고에 따른 매출 증감 간 상관관계를 탐구하겠다는 계획을 밝힘.

영어Ⅱ : 글의 주제에 대해 창의적인 관심을 보이며 단순한 해석에 그치지 않고 자신의 진로 관심사인 스포츠 산업과 연계한 심화 탐구를 진행함. '스포츠 분야의 새로운 접근'이라는 글을 읽으며 생긴 의문을 바탕으로 『컬러마케팅』이라는 책을 참고하여 기업이 전달하고자 하는 메시지와 정체성이 제품 스토리와 색채 전략을 통해 시장과 소비자에게 어떻게 활용되는지를 구체적으로 분석한 보고서를 제출함. 특히 '골프 용품 컬러마케팅'이 브랜드 성격, 카리스마, 인지도에 미치는 영향을 탐구하며 한국어와 영어 문장 구성 원칙의 차이와 미묘한 의미 변화를 이해하는 언어 역량을 보여줌.

이 사례는 수학과 영어처럼 겉보기에는 자신의 진로와 직접적인 연관이 없어 보이는 과목에서도 학업역량과 진로역량을 동시에 드러낸 사례이다. 이러한 세부능력 및 특기사항을 보면서 단순히 진로 활동만 강조된 기록이라고 판단할 사람은 거의 없을 것이다. 이처럼 자신의 관심 분야를 해당 과목과 유기적으로 연결한다면 스포츠 산업 분야에서도 학업역량과 진로역량을 함께 높이는 창의적 융합 활동으로 생활기록부를 채울 수 있다. 스포츠 산업 분야를 희망하는 학생들은 대체로 기획력과 창의적인 융합 능력이 뛰어나다는 특징이 있다. 이러한 강점을 살려 자신만의 색깔이 드러나는 다양한 활동을 만들어 간다면 스포츠 산업 관련 학과뿐 아니라 체육 관련 학과에서도 선호하는 인재로 평가받을 가능성이 높다.

체육교육과에 관심 있는 아이의 세특, 무엇을 갖추어야 하나?

체육교육과를 희망하는 학생들의 대부분은 교직, 즉 체육 교사가 되기 위해 해당 학과를 선택하는 경우가 많다. 그러나 체육교육과를 조금 더 깊이 들여다보면 보다 넓은 의미로 설명할 수 있다. 체육교육과는 여러 체육 관련 학과 가운데 가장 기본이 되는 학문 분야라고 볼 수 있다. 체육 교사가 되기 위해 응시하는 임용시험 과목만 보더라도 체육 교사가 되기 위해서는 체육과 관련된 다양한 학문 분야에 대한 전문 지식을 갖추는 것이 기본 조건이 된다. 예를 들어 운동생리학, 운동역학, 스포츠사회학, 체육철학 등 문과와 이과의 영역을 모두 아우르는 다양한 학문이 포함되어 있다. 여기에 더해 교육 분야에서도 교육심리, 교육과정, 교육행정, 교육사회 등 여러 과목에 대한 이해가 요구된다. 이처럼 교사가 되기 위해서는 체육과 교육 두 영역에 대한 폭넓은 지식을 갖추어야 한다.

물론 체육교육과를 졸업했다고 해서 모두가 교사가 되는 것은 아니다. 그러나 교육에 대한 관심을 바탕으로 공교육 분야나 지도자 역할, 혹은 누군가를 가르치는 직종으로 진출하는 경우가 많은 것은 사실이다. 동시에 체육이라는 학문적 특성상 다양한 세부 분야로 진출할 수 있는 가능성도 상당히 넓다. 체육교육과는 진로의 스펙트럼이 매우 넓은 학과이며, 교육 현장을 넘어 교육 행정 분야로 진출하는 사례도 적지 않다.

> **스포츠 교육 관련 진로 분야** : 중등 체육교사(중학교·고등학교), 특수체육교사, 방과 후 스포츠클럽 강사, 학교 운동부 지도교사, 체육 교과 연구교사, 장학사, 교육 행정가(교장·교감) 등

체육교육을 꿈꾸는 학생들 가운데 상당수는 학교에서 만난 체육 교사를 보며 이러한 꿈을 키우게 된다. 자신이 경험했던 교사 가운데 체육 교사를 가장 인상 깊게 기억하는 학생들도 많으며, 그 모습을 보며 같은 꿈을 품고 미래의 교육자로 성장하기도 한다. 이러한 과정 속에서 체육 교사는 단순히 운동을 가르치는 역할을 넘어 학생들에게 새로운 꿈을 보여주는 존재가 되기도 한다. 결국 체육교육과를 선택한 학생들은 미래의 학생들에게 다양한 가능성과 꿈을 전달하는 교육자로 성장하게 된다.

그렇다면 이러한 계기를 바탕으로 체육교육과를 희망하는 학생들의 진로활동은 어떤 방식으로 기록될 때 더욱 강점 있는 생활기

록부로 이어질 수 있을까?

진로 활동	체육교사가 되어 학생들의 건강한 삶에 도움을 주고 싶다는 목표로 진로 독서활동 '스포츠 운동 재활의 이론과 실제'를 읽음. 학교 스포츠 활동 중에 부상입은 친구들을 목격한 경험을 빌어 아이들에게 발목 부상 재활 방법과 부상 예방 방법에 대해 교육함. 영어 교과 시간을 활용하여 심화 탐구했던 자아성찰에 대해 떠올리며, '잘 가르치는 교사와 잘 챙겨주는 교사 중 어떤 교사가 기억에 남는지'를 주제로 설문조사를 교내 학우들을 대상으로 실시함. 100명 중 80%가 잘 챙겨주는 교사가 더 기억에 남는다는 결과를 도출하며 교사로서 지식 전달 역량뿐만 아니라 라포 형성과 아이들을 대하는 진정성이 중요하다는 보고서를 제출함.

자신이 관심을 가지고 있는 교육 분야를 체육 안의 과학과 재활 분야와 연결하여 탐구한 사례이다. 또한 교육과 관련해 평소 궁금하게 생각했던 내용을 바탕으로 학우들을 대상으로 설문조사를 실시하고, 그 결과를 토대로 보고서를 제출하며 교사에게 필요한 역량에 대해 강조하였다. 이러한 활동을 통해 체육 교사를 꿈꾸는 학생으로서 자신의 관심 분야와 실제 활동 내용이 잘 연결되어 있음을 보여준다. 누가 보더라도 체육 교사라는 진로를 향해 성장하고 있는 학생임을 확인할 수 있는 사례이다. 그렇다면 과목별 세부 능력 및 특기사항에서는 어떤 활동들이 기록되어 있는지 함께 살펴보도록 하자.

가정과학 : 평소 체육에 적성을 보이는 학생으로, 생애 주기별 인생 그래프를 작성하는 활동에서 자신의 진로를 '체육 교사'로 설정하고 미래 계획을 그래프와 그림을 통해 체계적으로 표현함. 이를 바탕으로 '10년 후 목표'를 설정하고 그에 맞는 구체적인 실천 방안을 제시함. 체육교육과에 진학한 뒤 대학교 1학년부터 임용시험을 준비하겠다는 계획을 밝히며, 중학교 시절 자신의 롤모델이었던 체육 교사처럼 학생들을 위해 헌신하는 교사가 되겠다는 포부를 드러냄.

체육 : 플라잉 디스크의 원리를 탐구하는 활동을 통해 수업에 흥미가 부족한 학생들에게 내용을 설명하며 학급 친구들의 흥미를 높이는 멘토 역할에 관심을 보임. 이러한 경험을 통해 학생들이 수업에 몰입할 수 있는 교육 방식에 대해 고민하게 되었으며, 다양한 수업 방식에 대해 조사한 뒤 '강의식 수업'보다는 '학생 참여형 수업'을 통해 학생들의 궁금증을 해결해 줄 수 있는 교사가 되고 싶다는 생각을 밝힘. 또한 '피드백의 종류'에 대해 조사하여 '즉각적 피드백'보다 '교정적 피드백'이, '부정적 피드백'보다 '긍정적 피드백'이 학생들의 성장에 긍정적인 영향을 준다는 내용의 보고서를 제출함. 이후 축구 미니게임 활동에서 자신의 뛰어난 운동 능력을 바탕으로 '교정적 피드백', '긍정적 피드백', '지연적 피드백'을 실제 상황에 적용하며 친구들이 이해하기 쉽도록 설명하는 모습을 보임. 이러한 활동을 통해 체육 교사로서 필요한 역량을 대학 진학 이전부터 갖추기 위해 노력하는 모습을 드러냄.

이 학생은 자신이 되고자 하는 체육 교사라는 목표를 명확히 설정하고, 그 목표를 이루기 위해 구체적인 세부 계획을 세우는 과정에서 진로에 대한 강한 의지를 보여준다. 체육 수업 시간에도 주체적으로 친구들을 가르치며 동료 교사와 같은 역할을 수행하는 모습을 통해 이미 교사로서의 잠재적 역량을 보여주고 있다. 체육교육과에서 이러한 생활기록부를 확인한다면 교직에 대해 충분히 준비된 학생으로 평가할 가능성이 높다.

최근 교권 침해에 대한 사회적 논의가 이어지면서 교사를 희망하는 학생들이 줄어들고 있다는 이야기도 들린다. 그러나 체육이라는 교과는 AI나 로봇이 대체하기 어려운, 사람과 사람이 직접 만나며 열정과 온기를 나누는 교육 분야이다. 신체 활동을 기반으로 하는 교육은 인간 사이의 상호작용이 무엇보다 중요한 영역이기 때문이다. 체육 교사와 체육 지도자는 이러한 특성을 바탕으로 학생들에게 건강한 에너지와 긍정적인 영향을 전할 수 있는 직업이다. 또한 체육 분야는 다양한 영역으로 확장되어 사회에 활력을 불어넣고 다음 세대를 성장시키는 역할을 수행할 수 있는 분야이기도 하다. 체대학종을 통해 자신의 꿈을 향해 나아가는 여러분의 도전을 응원한다.

체대에서 선호하는 체육 세특,
무엇이 다를까?

　체대에서 원하는 체육 세부능력 및 특기사항은 무엇일까? 체육 대학이기 때문에 운동 능력이 두드러진 체육 세특을 선호할 것이라고 생각하는 경우가 많다. 그래서 많은 학생들이 체대에 진학하려면 열심히 체육 활동을 하고 체육 교사와 친하게 지내기만 하면 기본적인 조건을 갖춘 것이라고 착각하기도 한다. 그러나 체육 세특 역시 명확한 목적을 가지고 준비해야 한다. 이를 이해하기 위해서는 먼저 체대, 그리고 학생부종합전형에서 원하는 인재가 어떤 인재인지 다시 한 번 살펴볼 필요가 있다.

　체대이기 이전에, 먼저 '학종'이라는 전형임을 이해해야 한다. 체대학종에서 원하는 인재는 물론 운동 능력이 어느 정도 갖춰져 있다면 좋지만, 그보다 중요한 것은 자신이 좋아하는 체육을 얼마나 깊이 있게 탐구하고 있는지, 그리고 그 과정에서 드러나는 자기 주도성과 탐구 능력이다. 이 지점에서 의문을 가지는 사람도 있을 것이다. 체육에서 탐구 활동이란 무엇을 의미하는가 하는 질문이다. 여기서 말하는 탐구 활동은 다른 교과에서 이루어지는 탐구 활동과 마찬가지로, 체육을 주제로 한 지적 탐구 활동을 의미한다.

체육이라는 교과의 특성을 살펴보면 다른 교과와는 다른 근간을 가진 교과임을 알 수 있다. 체육 교과는 흔히 '전인 교과'라고 불린다. 그래서 많은 체육대학, 특히 체육교육과에서는 체육 인재 양성을 곧 전인 인재 양성이라고 설명하기도 한다. 전인 인재 양성이라는 말은 흔히 '지·덕·체'를 고루 갖춘 인재를 의미한다. 여기서 '지'는 지적 능력, 즉 머리와 관련된 교육을 의미하고, '덕'은 인성과 관련된 가슴의 교육을 뜻하며, '체'는 신체와 관련된 교육을 의미한다. 이처럼 지·덕·체를 고루 함양할 수 있는 교과가 바로 체육 교과라는 것이다.

생활기록부를 자세히 살펴보면 이러한 특징을 쉽게 확인할 수 있다. 체육 교과 안에 기록되는 체육, 스포츠 생활, 운동과 건강 등 다양한 과목을 보면 다른 교과보다 학생의 인성과 태도에 대한 기록이 많이 등장한다. 동시에 체육 활동을 통해 드러나는 운동 능력 또한 함께 기록된다.

예를 들어 인성에 해당하는 '덕'의 사례는 다음과 같다.

운동 능력에 해당하는 '체'의 사례는 다음과 같이 나타난다.

이처럼 대부분의 생활기록부에는 '덕'과 '체'에 해당하는 내용들이 자연스럽게 기록된다. 또한 체육부장이나 체육 관련 역할을 맡은 경우에는 리더십과 협력 능력까지 함께 강조되어 기록되는 경우가 많다. 그러나 체육 교과는 지·덕·체를 고루 갖춘 교과라고 설명했다. 그렇다면 한 가지 요소가 빠져 있지 않은가. 바로 '지', 즉 탐구력에 해당하는 지적 탐구 활동이다.

실제로 체육 과목이나 운동 동아리 활동을 중심으로 생활기록부를 채운 학생들의 상당수는 앞서 예시처럼 '덕'과 '체' 중심의 기록으로만 마무리되는 경우가 많다. 더 큰 문제는 체육 교과에서도 지적 탐구 활동을 해야 한다는 인식 자체가 부족하다는 점이다. 체육이라는 교과를 단순히 운동을 열심히 하고 친구들과 즐겁게 활동하는 것으로만 이해해서는 안 된다. 체대학종은 단순히 운동을 좋아하는 학생이 아니라, 운동에 대한 관심을 탐구로 확장해 나가는 학생을 선발하고자 한다.

체대 교수들이 생활기록부를 평가할 때 가장 먼저 확인하는 영역 가운데 하나가 바로 체육 교과의 세부능력 및 특기사항이다. 그 안에 기록된 탐구 활동을 통해 학생이 체육이라는 분야에 얼마나 깊은 관심을 가지고 있는지를 확인하게 된다. 체육교육과를 졸업하고 전공한 나 역시 체육 활동에 큰 의미를 두는 편이다. 지적 탐구 활동의 중요성을 정확히 이해하고 준비한 생활기록부는 확실히 다른 모습을 보여주기 때문이다.

체육

1학기 : 구기 종목 수업에서 항상 최선을 다해 배우려는 자세를 보이며, 배운 동작을 응용한 실기평가에서도 이를 적절히 적용해 수행하는 모습을 보임. 이론 수업에서도 활발하게 발표하며 자신의 꿈인 스포츠 에이전트와 연결하여 체육과 관련된 전반적인 지식을 학우들과 공유함. 이러한 활동을 통해 반 친구들 가운데 체육 진로를 희망하는 학생이 생길 정도로 긍정적인 영향을 끼침.

2학기 : 농구 동작 중 슛 자세에서 투구 동작이 부드럽고 팔의 신전이 자연스러우며 정확도가 높은 모습을 보임. 자유투 수행평가에서 10개 중 8개를 성공시켜 학급에서 가장 높은 자유투 성공률을 기록함. 또한 평소 스포츠 산업에 대한 관심을 바탕으로 탐구 활동을 진행하며 프로 스포츠 구단의 경영 구조, 파트너십뿐 아니라 다양한 스폰서십 유형에 대해 조사함. 선수와 스폰서 간 상호 이익을 창출하는 제도가 존재하는 한편, 선수나 구단 입장에서 불리하게 작용할 수 있는 조항들도 함께 분석함. 이를 바탕으로 향후 구단 경영자가 된다면 제도적 차원에서 이러한 문제를 개선하고 싶다는 포부를 밝힘.

위의 생활기록부는 자신이 갖고 있는 지·덕·체를 고루 보여 주는 사례로 기록되어 있다. 학우들에게 동기를 부여하는 모습과 최선을 다하는 태도, 자유투 성공률로 드러나는 운동 능력, 그리고 자신이 희망하는 스포츠 산업 분야와 연결된 구체적인 탐구 활동까지 모두 포함되어 있기 때문이다.

만약 여러분의 생활기록부가 단순히 운동을 열심히 하고 친구들과 잘 지내는 학생이라는 모습만으로 드러난다면, 가장 중요한 요소를 놓치고 있는 것이다. 자신이 가진 운동에 대한 흥미를 탐구 활동으로 확장하여 체육 교과와 동아리 활동 속에서 드러내야 한다. 그렇게 할 때 체육 교과에서도 다른 학생들과 차별화된 생활기록부로 발전할 수 있을 것이다.

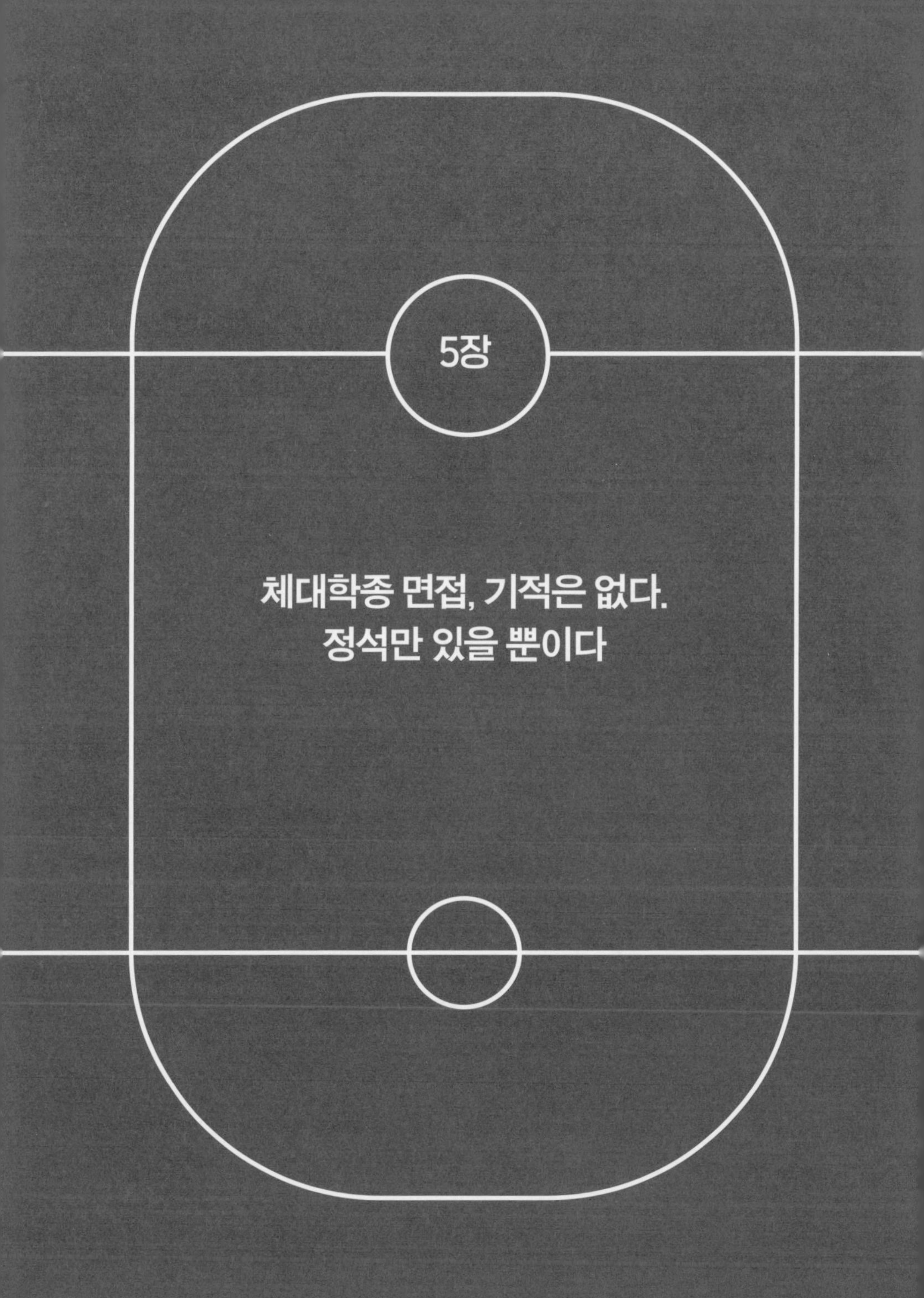
5장

체대학종 면접, 기적은 없다.
정석만 있을 뿐이다

면접의 중요성 : "이것만 알면 나는 이미 준비된 면접자"

학종 컨설팅을 진행하다 보면 대부분의 학생들은 면접에 대해 부담을 느낀다. 면접에 자신감을 보이는 학생들은 오히려 소수에 해당하며, 요즘 학생들은 대체로 면접을 두려워하는 경향이 있다. 그러나 나는 오히려 이렇게 말하고 싶다. 면접은 분명히 하나의 기회이다.

학생부종합전형은 크게 서류형과 면접형 두 가지로 나뉜다. 이 두 전형 가운데 내신의 약점을 보완할 수 있는 전형은 단연 면접형이다. 서류형 전형은 1차 합격과 2차 합격의 단계 구분 없이 서류만으로 학생의 잠재력과 학업 이후의 성취 가능성을 평가하는 방식이다. 말 그대로 서류 하나만으로 최종 합격과 불합격이 결정된다. 이 과정에서는 학업역량의 중요성이 자연스럽게 높아질 수밖에 없으며, 생활기록부가 좋더라도 내신의 변별력이 높기 때문에 경쟁자들에 비해 불리해질 가능성도 존재한다. 반면 면접형 전형은 자신이 지원하려는 학과의 평균 내신보다 다소 부족하더라도 1차 합격 이후 면접에서 이를 충분히 보완한다면 합격 가능성을 높일 수 있는 기회의 장이 된다.

그렇다면 체대학종에서 면접은 얼마나 중요할까? 일반적으로 면접은 최소 20%의 반영 비율을 가지며, 통상적으로 40~50%의 반영 비율이 제일 많고, 최대 60%까지 반영되는 경우도 있다. 일부 학과에서는 2차 전형에서 최대 60%까지 반영되는 경우도 있다. 많은 사람들이 60% 정도라면 면접으로 결과를 뒤집을 수 있겠지만 20% 정도라면 한계가 있을 것이라고 생각하기 쉽다. 그러나 실제로는 그렇지 않다. 대학에서 말하는 반영 비율은 점수로 환산했을 때 상당히 큰 영향을 미치는 수치이기 때문이다. 체육교육과의 경우 학생부종합전형뿐 아니라 정시에서도 면접이 진행되는 경우가 많다. 정시 면접에서는 구체적인 면접 점수를 공개하지 않지만, 수능과 실기 점수에서 5점에서 10점 정도 부족했던 학생이 면접을 통해 합격한 사례도 적지 않다. 이러한 점수를 비율로 환산해 보면 약 5% 정도의 가산점 수준에 해당한다. 그럼에도 불구하고 결과가 뒤집히는 사례가 많다는 것은, 체대학종 2차 전형에서 면접이 차지하는 영향력이 그만큼 크다는 의미이다.

코로나 시기를 지나며 성장한 세대의 특징 가운데 하나는 대면 의사소통에 익숙하지 않다는 점이다. 기기를 매개로 소통하는 것에는 익숙하지만 사람과 직접 대화를 나누는 상황에서는 두려움과 불안감을 느끼는 경우가 많다. 특히 면접이라는 시험은 자신의 최종 합격 여부가 달린 중요한 단계라고 생각하기 때문에 그 긴장 감은 더욱 커지기 마련이다. 그래서 학종 컨설팅을 진행할 때 많은 학생들이 면접 자체를 시도하려 하지 않는다. 그러나 나는 항상 학생들과 학부모에게 이렇게 이야기한다.

"조금만 연습하면 분명히 달라집니다. 남들보다 훨씬 잘할 수 있도록 만들 수 있습니다."

학생들이 변화하는 과정을 보면 놀라울 정도이다. 처음에는 지원 동기조차 제대로 말하지 못하던 학생들이 한 문장 정도 겨우 말하던 수준에서 시작해 한 달, 두 달이 지나면 자신감 있는 표정으로 1분, 2분 이상 자신의 생각을 자연스럽게 설명하는 모습을 보이기도 한다. 그 모습을 보고 있으면 오히려 처음부터 말을 잘하던 학생이 아니었을까 하는 착각이 들 정도이다.

합격생들의 인터뷰 영상을 보여주거나 합격자 콘서트에서 학생들이 직접 이야기하는 모습을 보여주면 많은 학부모들이 이렇게 말한다.

"저렇게 말을 잘하니까 합격했겠죠."

"우리 아이와는 다르네요. 저렇게 말할 수 있는 학생들이 합격하는 것 같아요."

그러나 사실 처음부터 말을 잘하던 학생은 거의 없다. 대부분의 학생들이 연습을 통해 그렇게 변화한 것이다.

나 역시 처음에는 사람들 앞에서 말하는 것을 매우 두려워하는 사람이었다. 성격이 소심해 두세 명 이상의 사람 앞에서 말하는 것조차 부담스러워할 정도였다. 그러나 말하는 방법을 배우고 꾸준히 연습하면서 충분히 극복할 수 있다는 것을 알게 되었고, 발표할 때의 긴장감도 점차 줄어들었다. 지금은 수백 명 앞에서 강연을 할 때에도 긴장보다는 설렘을 느끼며 이야기를 하고 있다. 현재의 나는 컨설턴트로서 온라인과 오프라인에서 학생들과 학부모에게 정보를 전달하는 일을 하고 있다. 여러분도 충분히 할 수 있다.

사실 학생부종합전형을 준비해 온 학생이라면 이미 면접을 위한 기본적인 준비는 갖추고 있다고 볼 수 있다. 면접에 도전하겠다는 마음만 있다면 이미 다른 학생들보다 앞서 있는 것이다. 학종을 준비한 학생들은 기본적으로 교사와의 의사소통 경험을 가지고 있으며, 그 과정에서 자신의 생각을 보고서나 글의 형태로 표현해 왔다. 면접은 이러한 내용을 단지 구두 표현으로 바꾸는 과정에 불과하다.

앞서 생활기록부를 준비하는 과정에서 배웠던 활동의 동기, 활동 내용, 그 과정에서 느낀 점, 그리고 앞으로의 진로 계획은 사실 면접에서 답변을 구성하는 구조와 매우 유사하다. 여러분은 이미 준비되어 있다. 이제 그 내용을 연결해 표현하기만 하면 된다. 그 방법에 대해서는 다음 장에서 하나씩 살펴보도록 하겠다.

대학이 면접에서 요구하는 말하기 능력은 전문적인 스피치 능력이 아니다. 중요한 것은 자신이 했던 활동을 바탕으로 이 학교에 진학하고 싶은 마음과 진정성을 전달하는 것이다. 자신이 왜 이

대학에 오고 싶은지, 체육을 얼마나 좋아하는지, 체육을 통해 어떤 일을 해보고 싶은지, 대학에서 무엇을 배우고 앞으로 어떤 진로로 나아가고 싶은지를 교수와 입학사정관에게 진솔하게 이야기하면 된다.

면접에서 가장 중요한 것은 '말'이 아니다

면접 수업을 진행하면서 아이들에게 가장 중요한 것이 무엇인지 물어보면 대부분의 학생들은 "말을 잘하는 것이 가장 중요하지 않을까요?"라고 대답한다. 그러나 정답은 그렇지 않다. 많은 학생들이 면접에서 가장 중요한 요소를 놓치고 있다. 말을 잘해야 한다는 부담 때문에 오히려 자신이 가장 쉽게 준비할 수 있는 기본적인 요소를 뒤로 미루고 있는 것이다. 면접장에서 '모든 질문에 완벽하게 답해야 한다'는 압박감에 자신이 어떤 태도로 행동하고 있는지조차 인식하지 못하는 경우가 많다.

학생부종합전형에서 최종 관문은 바로 면접이다. 저자는 체대학종에서 면접을, 그동안 학생들이 쌓아온 노력의 결과가 마지막에 피어나는 '꽃'이라고 표현한다. 1차 합격 이후 최종 합격 여부를 결정하는 평가 방식이 면접인 이유는, 사람을 직접 대면해야만 그 사람을 온전히 평가할 수 있기 때문이다. 서류만으로는 평가할 수 없는 다양한 요소가 존재하는데, 바로 비언어적 요소이다.

면접은 단순히 지원자의 외형적인 인상을 보는 것을 넘어, 면접관이 지원자를 '어떤 사람인지' 판단할 수 있는 가장 강력한 단서가 된다. 면접실에서 문을 열고 들어오는 순간, 아직 말 한마디 하지 않았음에도 이미 면접관들은 지원자에 대한 평가를 시작한다. 심지어 문을 열기 전 노크 소리만으로도 면접자의 성격이 느껴질 때가 있다. 노크 소리 하나에도 면접관은 지원자를 어떤 사람으로 인식할지 판단하기 시작한다. 문을 열고 들어오는 순간부터 걸어오는 자세, 인사하는 표정, 의자에 앉는 태도까지 이어지는 모든 행동 속에서 면접관은 이미 지원자에 대한 평가의 대부분을 마치게 된다.

경희대학교는 학생부종합전형 면접 평가 방향을 다음과 같이 설명하고 있다.

"면접평가에서는 지원자가 제출한 서류(학교생활기록부)의 사실 여부를 확인할 뿐만 아니라 지원자의 인성, 전공 적성, 가치관을 보다 구체적으로 평가합니다. 대학에서 필요로 하는 인재로서 갖춰야 할 의사소통 능력, 통찰력, 논리적 표현력 등을 평가하는 것이 면접의 주요 목적입니다. 서류 확인 면접은 정답이 있는 면접이 아니므로 크게 부담을 가질 필요는 없습니다."

— 경희대학교 2026학년도 학생부종합전형 가이드북

또한 평가 요소로 인성 50%, 전공 적합성 50%가 제시되어 있다. 이는 단순히 말을 잘하는 능력보다 면접자로서 갖춰야 할 인격적 태도와 기본적인 소양이 더 중요하다는 의미이기도 하다.

흔히 "면접에서 가장 중요한 것은 첫인상"이라고 말한다. 영국의 심리학자 앨버트 메라비언(Albert Mehrabian)은 인간의 첫인상이 어떻게 형성되는지를 연구한 학자로, 그의 연구에 따르면 사람이 감정과 태도를 전달할 때 말의 내용은 7%, 목소리 톤과 표정 등 비언어적 요소가 93%를 차지한다고 한다. 또한 말콤 글래드웰(Malcolm Gladwell)은 『블링크』라는 책에서 사람들은 단 몇 초 만에 상대방의 표정, 태도, 목소리를 통해 첫인상을 형성한다는 연구 결과를 소개했다. 면접에서 지원자에 대한 첫인상은 보통 3초 이내에 결정된다고 알려져 있다.

저자는 면접 컨설턴트로서 매년 면접이 시작되기 2~3개월 전인 9월부터 12월 사이에 약 300건에 가까운 면접 수업을 학생들과 1대1로 진행하고 있다. 그 과정에서 가장 강조하는 부분이 바로 면접장에 들어오는 방법이다.

저자가 아이들에게 가장 강조하는 말은 다음과 같다.

"첫인사로 분위기를 주도하라."

많은 학생들은 실제 면접장을 떠올리면 마치 도축장으로 끌려가는 가축처럼 느껴진다고 말한다. 면접장에 들어가면 자신의 부족한 점이 드러날 것이고 결국 무너질 것 같은 불안감을 느끼기 때문이다. 그러나 면접장의 분위기를 만들고 상황을 주도하는 사람은 면접관이 아니라 바로 지원자 자신이다.

저자는 학생들에게 면접장에 들어오는 걸음걸이, 첫 인사를 하는 방법, 면접관에게 호감 있는 인상을 주는 방법 등을 반복적으로 훈련시킨다. 정중한 노크 방법, 안정된 걸음걸이, 면접관과 자연스럽게 눈을 마주치는 방법, 밝은 표정으로 인사하는 방법 등을 익힌 학생은 어떤 질문이 나오더라도 쉽게 흔들리지 않는다. 설령 긴장하더라도 자신의 모습을 끝까지 안정적으로 보여주며 면접관에게 좋은 인상을 남긴다. 이미 면접관과 긍정적인 관계를 형성했기 때문이다.

대부분의 학생들은 아직 사회에 나가 어른을 대하는 방법이나 공식적인 자리에서의 태도를 제대로 배워본 경험이 많지 않다. 이는 매우 자연스러운 일이다. 교수나 입학사정관에게 좋은 인상을 남기는 방법에 대해 아직 충분히 배워볼 기회가 없었기 때문이다. 특히 2019년 말 코로나 이후 학생들의 대면 소통 경험이 줄어들면서 사람과의 관계 형성이나 기본적인 인사 방법조차 익숙하지 않은 학생들도 늘어나고 있다.

실제로 면접 수업을 진행하다 보면 웃어른에게 인사를 어떻게 해야 하는지조차 제대로 알지 못하는 학생들도 적지 않다. 그러나 다른 학생들과 차별화된 기본적인 인사 하나만으로도 면접의 분위기는 크게 달라질 수 있다. 여기에 호감 있는 태도를 유지하며 면접관을 대한다면 면접장의 분위기를 자연스럽게 자신이 주도하게 된다.

다음 장에서는 이러한 호감 있는 태도를 통해 면접관에게 좋은 인상을 남기는 방법에 대해 구체적으로 살펴보도록 하겠다.

면접에서 챙기면
가장 좋은 무기는 '미소'다

효율을 중시하는 사회이다. 만약 면접을 가장 효율적으로 준비할 수 있는 방법이 있다면 여러분은 그것을 아이들에게 알려주겠는가? 보통 면접 평가는 10월 중순부터 11월 말 사이, 수능을 전후한 시기에 진행된다. 따라서 학생부종합전형을 지원한 학생들이 면접을 대비하는 기간은 보통 9월 초부터 11월 말까지라고 볼 수 있다. 나는 수능이 중간에 포함되어 있더라도 면접 준비는 가능한 한 일찍 시작해야 한다는 입장을 꾸준히 유지해 왔다. 그리고 그 결과는 결국 합격과 불합격이라는 입시 결과로 나타난다.

수능 이전에 면접을 실시하는 대학의 경우 학생들에게 선택을 강요하는 것처럼 느껴질 때도 있다. 그러나 실제 상황은 그렇게 단순하지 않다. 아무 준비 없이 면접과 수능을 동시에 준비하는 학생들은 시간적인 부담뿐 아니라 심리적인 부담까지 크게 늘어나게 된다. 효율적인 전략 없이 모든 것을 동시에 준비하려 한다면 입시에 필요한 체력과 에너지를 상당히 소모하게 되고, 수능 최저학력 기준이나 혹시 모를 정시 전형을 대비해야 할 수능 준비에도 영향을 미치게 된다. 그러나 면접 평가에서 학생들에게 요구하는 것은 비교적 명확하다. 면접을 제대로, 그리고 효율적으로 준비하려면 반드시 챙겨야 할 요소가 있다.

그것은 바로 표정이다.

"표정만 바뀌어도 면접장의 분위기가 달라진다."

표정은 또 하나의 언어라고 할 수 있다.

표정은 우리가 생각하는 것보다 훨씬 많은 것을 전달한다. 우리가 이야기하고 있을 때 상대방이 밝은 표정으로 미소를 짓고 있다면, 적어도 그 사람이 우리와 함께하는 시간을 긍정적으로 받아들이고 있다는 의미로 느껴진다. 면접 평가를 더 넓게 해석해 보면 결국 사람과 사람 사이의 대화와 의사소통 능력을 평가하겠다는 의미이기도 하다. 우리는 일상적인 대화에서도 표정을 통해 상대방에게 반응한다. 예를 들어 아침에 사무실에 들어갔을 때 한 동료가 밝은 미소로 "좋은 아침입니다."라고 인사를 건넨다면 우리는 자연스럽게 기분이 좋아지고, 미소로 화답하게 된다. 반대로 회사의 대표나 상사가 찡그린 표정으로 회의실에 들어오는 모습을 보면 그 순간 전체 분위기가 가라앉는 것을 느끼게 된다. 개인의 감정은 개인에게만 머무르지 않는다. 그것은 주변 사람들에게 파급 효과처럼 전달되고, 심지어 그 사람에 대한 평가에도 영향을 미치게 된다. 감정은 전염되기 때문이다.

면접관의 감정에 영향을 줄 수 있는 요소에는 진정성이 담긴 답변이나 유창한 화술도 포함된다. 그러나 가장 준비하기 쉽고 효과적인 요소는 바로 표정이다. 웃는 표정의 효과를 보여주는 대표적인 사례로 육상 선수 우상혁을 떠올릴 수 있다. 육상 강국이 아닌 대한민국에서 높이뛰기 종목으로 세계적인 성과를 거두며 한국 육상의 위상을 높인 선수이다. 그는 세계육상선수권대회 은메달, 세계실내육상선수권대회 금메달, 다이아몬드리그 우승, 전국체육대회 금메달 등 다양한 국제 대회에서 뛰어난 성과를 보여주었다. 그의 뛰어난 실력도 유명하지만, 사람들이 그를 기억하는 또 하나의 이유는 경기를 대하는 태도이다. 그의 별명은 바로 '스마일 점퍼'이다.

왜 이런 별명이 붙었을까? 그는 점프를 하기 전에 관중을 향해 웃으며 호응을 유도한다. 누구보다 밝은 미소로 도움닫기를 시작한다. 사람들은 그의 미소를 보며 자연스럽게 함께 웃게 되고, 그가 성공할 것이라는 기대감을 갖게 된다. 그리고 그는 실제로 그 기대에 부응하는 퍼포먼스를 보여준다. 많은 사람들은 그가 항상 밝은 표정을 짓고 있기 때문에 세계적인 대회에서도 긴장하지 않는 것처럼 보인다고 말한다. 그러나 실제로는 그렇지 않다. 컨설턴트로서 많은 학생들을 만나고 입시 심리 상담을 진행해 온 경험으로 볼 때, 사람의 표정에는 긴장감이 그대로 드러나기 마련이다. 우상혁 선수의 표정을 자세히 보면 그 역시 긴장하고 있다는 것을 느낄 수 있다. 다만 그 긴장감을 밝은 미소가 덮어 주고 있을 뿐이다.

바로 이것이 중요한 포인트이다. 면접장에서 우리가 밝은 표정으로 인사하고 자연스러운 미소를 유지하며 자리에 앉는다면 면접관은 우리가 안정적이고 자신감 있는 사람이라는 인상을 받게 된다. 그리고 이러한 인상은 실제 평가에도 영향을 미치게 된다. 긴장감이 가득한 면접장에서 밝은 미소를 보여주는 것만으로도 면접장의 분위기는 달라진다. 면접의 분위기를 만드는 사람은 면접관이 아니라 바로 지원자 자신이다.

고등학교에 진학한 이후 학생들이 마음껏 웃을 수 있는 상황은 점점 줄어든다. 초등학교와 중학교 시절에는 사소한 일에도 쉽게 웃었지만, 치열한 입시 경쟁 속에 들어오면서 자연스럽게 웃음이 줄어들게 된다. 이는 성인에게도 마찬가지이다. 나 역시 결혼 당시 웨딩사진을 촬영할 때 가장 많이 들었던 말이 "신랑분, 조금만 더 웃어 주세요."였다. 그래서 연습이 필요하다. 거울을 보거나 스마트폰 화면을 통해 자신의 표정을 확인하며 웃는 연습을 해야 한다. 아마 생각보다 훨씬 무표정한 자신의 모습을 발견하게 될 것이다. 처음에는 어색하게 느껴질 수도 있다. 그러나 하루에 단 5분만 투자하는 이 연습이 여러분 자녀의 합격 여부를 좌우할 수도 있다. 무엇보다 거울 속에서 밝게 웃고 있는 자신의 모습을 보게 되면 스스로도 합격에 가까워지고 있다는 긍정적인 마음가짐을 갖게 될 것이다.

선생님, 어떤 말을
더 해야 할지 모르겠어요

우리는 앞에서 언어적 요소보다 비언어적 요소가 얼마나 중요한지 살펴보았다. 이미 앞선 장의 내용을 자신의 것으로 체화했다면, 이 책을 읽고 있는 여러분과 여러분의 자녀들은 면접 준비의 90% 이상을 마쳤다고 볼 수 있다. 이제는 보다 실전적인 접근이 필요하다. 면접에서 말을 어떻게 해야 하는지, 그리고 말을 끊기지 않고 자연스럽게 이어서 할 수 있는 방법에 대해 살펴보려 한다.

이야기에 들어가기 전에 한 가지 질문을 던져 보고 싶다. 우리는 어떤 사람을 보았을 때 "저 사람 말을 참 잘한다."라고 느끼는 것일까? 과연 '말을 잘한다'는 것은 무엇을 의미할까?

많은 학생들은 면접을 준비하면서 비언어적 요소가 중요하다는 말을 여러 번 듣는다. 그러나 결국 마지막에는 "저는 말을 잘 못하는데요…"라는 걱정으로 돌아오곤 한다. 이 두려움을 극복하지 못하면 그동안 준비해 온 비언어적 태도 역시 제대로 드러나기 어렵다. 실제로 면접 수업을 진행하다 보면 학생들이 말하기에 대해 느끼는 두려움을 자주 접하게 된다.

그리고 다음과 같은 질문을 자주 듣게 된다.

"제가 말을 잘하지 못해서 걱정이에요."

"공부는 열심히 하겠는데 면접이 제일 걱정됩니다."

"선생님, 저는 10초에서 20초 정도는 어떻게든 말할 수 있을 것 같은데 그 다음에는 무슨 말을 해야 할지 모르겠어요."

"면접에서는 도대체 어느 정도 길이로 답변해야 하나요?"

우선 면접에서 답변해야 하는 적절한 길이는 보통 50초에서 80초 사이이다. 이 시간은 사람이 몰입감을 유지하면서 들을 수 있는 최소한의 시간과 지루함을 느끼기 시작하는 시간 사이의 적정선이라고 볼 수 있다. 또한 면접관이 추가로 공격적인 꼬리 질문을 던지지 않도록 기본적인 내용을 충분히 전달할 수 있는 최소한의 답변 길이이기도 하다. 면접관들은 학생의 답변을 듣고 의식적으로 "이 학생은 말을 잘한다."라고 평가하지 않는다. 대신 다음과 같은 두 가지 기준을 무의식적으로 판단한다.

첫째, 핵심을 잘 전달했는가이다.

둘째, 학생의 경험과 생각을 통해 그 학생을 조금 더 이해할 수 있었는가이다.

나는 학생들에게 항상 이렇게 말한다. 말을 잘한다는 것은 말을 끊기지 않고 유창하게 하는 것이 아니라 핵심을 잘 전달하는 것이라고 말이다. 예를 들어 학생이 나에게 이렇게 질문했다고 가정해 보자.

"선생님, 수시 지원 카드 6장 중에서 5장은 마음속으로 정해 놓았는데 나머지 1장은 어디를 쓰는 게 좋을까요?"

이때 내가 "그래, 수시 6장 카드 중요하지. 그런데 아직 일주일 정도 시간이 남았으니까 천천히 생각해 보고, 선생님이 어제 내준 면접 과제는 해 왔니?"라고 답한다면 어떨까? 학생은 매우 답답함을 느낄 것이다. 학생에게 가장 중요한 고민은 수시 6장의 카드 중 마지막 한 장을 어디에 사용할지에 대한 문제이기 때문이다. 그 질문에 대한 답이 나오지 않은 상태에서 다른 이야기를 꺼낸다면 학생은 내 답변에 만족하지 못할 것이다. 이후에 아무리 중요한 이야기를 하더라도 학생의 귀에는 제대로 들어오지 않게 된다.

이러한 상황은 일상적인 대화에서도 쉽게 경험할 수 있다. 결국 A에 대한 질문이 나오면 먼저 A에 대한 답을 해야 하고, 그 이후에 B에 대한 이야기를 해야 한다. 글쓰기에서는 이를 두괄식이라고 하며, 면접에서는 이를 요점 말하기라고 할 수 있다.

예를 들어 면접 상황에서 면접관이 "좋아하는 운동이 무엇인가요?"라고 질문했다고 가정해 보자. 다음과 같은 답변을 생각해 보자.

"저는 다양한 운동을 좋아합니다. 어렸을 때부터 운동을 하면서 삶에 활력을 느꼈고 스트레스도 많이 해소되었습니다. 그래서 운동을 통해 행복한 순간을 많이 경험했고 정신적으로도 성장하는 계기가 되었습니다. 그래서 저는 달리기를 좋아합니다."

내용 자체는 틀리지 않았지만, 이상하게도 핵심이 바로 전달되지 않는다. 그러나 다음과 같이 답하면 느낌이 달라진다.

"저는 달리기를 좋아합니다. 어렸을 때부터 즐겨 했던 달리기를 통해 삶에 활력을 얻었고 스트레스도 많이 해소되었습니다. 그래서 저는 운동을 통해 많은 행복을 느꼈고 정신적으로도 성장하는 계기를 얻었습니다."

이처럼 요점을 먼저 말한 뒤 설명을 이어 가면 말의 흐름이 훨씬 살아난다. 사람의 대화 구조는 생각보다 단순하다. 상대방이 궁금해하는 것에 대한 답을 먼저 제시하는 것이 면접관의 평가를 높일 수 있는 가장 쉬운 방법이다. 같은 내용이라도 핵심을 앞에 두느냐 뒤에 두느냐에 따라 상대방의 만족도는 크게 달라진다. 그래서 우리는 핵심을 먼저 전달하는 사람을 보며 "말을 참 잘한다." 라고 말한다. 결국, 말을 잘한다는 것은 자신이 알고 있는 내용을 얼마나 쉽고 명확하게 설명할 수 있는가의 문제이며, 그 핵심이 바로 요점 말하기이다.

이 글을 읽으며 눈치챈 사람도 있겠지만, 여기에는 또 하나의 중요한 요소가 있다. 바로 구조이다. 학생들이 "무슨 말을 더 해야 할지 모르겠다."라고 말하는 이유는 대부분 말의 구조를 알지 못하기 때문이다. 답변을 어떻게 이어가야 하는지 알지 못하면 자연스럽게 말이 끊기게 된다. 결국 해답은 구조적으로 말하기에 있다.

만약 자신이 있는 시장이 이미 포화상태라면 다른 시장으로 이동해 새로운 전략을 찾아야 한다. 말하기에서도 마찬가지이다. 말을 이어 가는 방법을 모른다면 새로운 구조를 통해 답변을 확장하면 된다. 다음 장에서는 말을 끊기지 않고 이어서 할 수 있는 방법, 즉 구조적 말하기에 대해 살펴보도록 하겠다.

면접은
구조적 말하기다

어떻게 말을 끊기지 않고 계속 이어 나갈 수 있을까? 이것은 많은 학생들이 면접을 준비하면서 겪는 가장 큰 고민이다. 면접에서는 약 1분 정도의 말하기가 지속되어야 한다고 앞에서 설명했다. 그래야 학생들이 말을 안정적으로 이끌어 갈 수 있는 능력이 생긴다. 면접에서는 무엇보다 자신감이 중요하다. 그리고 자신감을 갖기 위해서는 먼저 어떤 말이든 입 밖으로 나와야 하며, 그다음에는 그 말을 자연스럽게 이어 갈 수 있어야 한다. 이를 가능하게 해 주는 방법이 바로 구조적 말하기이다.

말에는 구조가 존재한다. 이러한 구조를 바탕으로 말을 이어 가면 다른 사람들이 보았을 때 어려운 내용도 쉽게 설명하는 능력으로 보이게 된다. 핵심을 명확하게 전달하고 논리적으로 이야기를 전개하는 사람을 볼 때 우리는 흔히 "말을 잘한다"라고 표현한다.

이제부터는 본격적으로 '말을 잘하는 방법', 즉 구조적 말하기에 대해 살펴보도록 하자.

말의 구조에는 여러 가지 방식이 존재한다. 그러나 앞선 장에서 우리는 면접에서 가장 중요한 것이 무엇인지 이미 확인했다. 바로 요점이다. 같은 내용이라도 요점이 먼저 나오는 말하기와 요점이 뒤늦게 등장하는 말하기는 전달력에서 큰 차이를 만든다. 따라서 구조적 말하기의 첫 번째 요소는 바로 요점 제시이다.

면접 상황에서 자주 등장하는 질문을 예로 들어 보자. "좋아하는 운동이 무엇인가요?", "어떤 스포츠를 잘하나요?"라는 질문이 나왔다면 가장 먼저 해야 할 답변은 "저는 농구를 좋아합니다."와 같은 요점이다. 질문자의 의도를 파악하고 그에 맞는 핵심적인 답을 먼저 제시하는 것이 중요하다. 또 다른 예로 "이 학교에 지원하게 된 동기가 무엇인가요?"라는 질문이 있다면 이 질문의 요점은 바로 지원 동기이다. 따라서 "제가 이 학교에 지원하게 된 이유는 학교에서 추구하는 인재상과 제가 잘 맞는다고 생각했기 때문이며, 이곳에서 다양한 커리큘럼을 통해 더 깊이 있는 배움을 얻을 수 있다고 판단했기 때문입니다."와 같이 답할 수 있다.

요점은 결국 질문에 대한 핵심 내용이다. 어떤 요점은 몇 초 안에 전달될 수도 있고, 어떤 요점은 설명이 덧붙으면서 수십 초가 걸릴 수도 있다. 이러한 차이를 만드는 요소가 바로 다음 단계이다.

요점만 말하면 답변은 매우 건조해진다. 형식적인 말로 끝나게 되고, 이어지는 면접관의 꼬리 질문이 학생들에게 부담으로 다가올 수 있다. 따라서 요점 다음에 반드시 이어져야 하는 구조가 바로 이유와 경험이다. 생활기록부의 서술 구조와 면접 답변의 구조는 매우 유사하다. 앞선 장을 이해한 사람이라면 이 구조가 어떻게 연결되는지 쉽게 이해할 수 있을 것이다.

면접에서 가장 중요한 것은 자신을 어필하는 것이다. 생활기록부에는 기록할 수 있는 글자 수의 제한이 있지만, 면접에서는 자신의 경험과 생각을 보다 직접적으로 표현할 수 있다. 자신이 어떤 사람인지, 어떤 경험을 했는지, 그리고 그 경험을 통해 어떤 꿈을 갖게 되었는지를 분명하게 드러내야 한다. 그것이 바로 동기와 경험이다.

예를 들어 다음과 같은 방식으로 설명할 수 있다.

"저는 농구를 매우 좋아합니다. 그 이유는 고등학교 생활 동안 농구를 통해 다양한 경험을 했기 때문입니다. 학교에서 열렸던 동아리 농구 대회에 참가했는데, 처음에는 주위에서 전혀 기대를 받지 못했던 팀이었습니다. 그러나 팀원들과 함께 꾸준히 연습하며 결국 대회에서 우승을 하게 되었습니다."

또 다른 예를 들어 보자.

"제가 교사를 꿈꾸게 된 계기는 고등학교 2학년 때 만난 체육 선생님입니다. 그 선생님을 통해 긍정적인 피드백이 무엇인지 직접 경험할 수 있었습니다."

이처럼 동기와 경험을 설명한 뒤에는 문장의 마무리가 필요하다. 바로 다음 구조인 느낀 점이다. 면접에서 말하는 경험은 단순한 사건이 아니라 그 경험을 통해 무엇을 느꼈는지가 포함된 경험이어야 한다.

예를 들어 다음과 같이 말할 수 있다.

"처음에는 기대받지 못했던 팀이 결국 우승까지 하게 되면서 개인의 능력만으로는 좋은 결과를 얻기 어렵다는 것을 깨달았습니다. 서로 격려하고 협력하는 팀워크가 얼마나 중요한지 직접 경험할 수 있었습니다."

이 구조를 하나로 합쳐 보면 다음과 같은 답변이 된다.

"저의 꿈은 체육 교사가 되는 것입니다. 저는 고등학교 시절 자신감이 부족한 학생이었습니다. 그런데 고등학교 2학년 때 만난 체육 선생님을 통해 체육 수업에서 긍정적인 피드백이 얼마나 큰 힘이 되는지 경험하게 되었습니다. 그 경험 이후 저는 점점 자신감을 가지게 되었고, 내신 성적을 높이기 위해 노력하며 운동에도 더 적극적으로 참여하게 되었습니다. 그래서 저처럼 자신감이 부족했던 학생들도 자신의 꿈을 찾을 수 있도록 돕는 체육 교사가 되고 싶다는 목표를 갖게 되었습니다."

이처럼 면접은 단순히 정보를 전달하는 자리가 아니다. 자신의 경험을 통해 자신이 어떤 사람인지 설명하고, 앞으로 어떤 목표를 가지고 대학 생활을 할 것인지를 보여주는 자리이다. 말을 끊기지 않고 이어 가기 위해서는 머릿속에서 이 구조를 계속 떠올리면 된다. '요점 → 이유와 경험 → 느낀 점'의 순서를 자연스럽게 이어 갈 수 있다면 이미 면접을 준비할 기본적인 역량은 갖춘 것이다.

고등학교 입시에 놓여 있는 학생들은 자신의 이야기를 충분히 말할 기회가 많지 않다. 대부분의 시간은 책을 읽거나 수업을 듣는 데 사용되고, 고등학교 3학년이 되면 입시라는 부담 속에서 자신의 생각을 자유롭게 이야기할 공간이 줄어든다. 따라서 의식적으로라도 자신의 이야기를 말할 기회를 만들어야 한다. 친구와의 대화, 가족과의 대화, 혹은 스스로 연습하는 과정을 통해 말하기는 반드시 향상된다.

말을 끊기지 않고 논리적으로 설명하는 자신의 모습을 상상해 보라. 그렇게 된다면 학생부종합전형의 면접은 분명히 여러분에게 기회가 될 것이다.

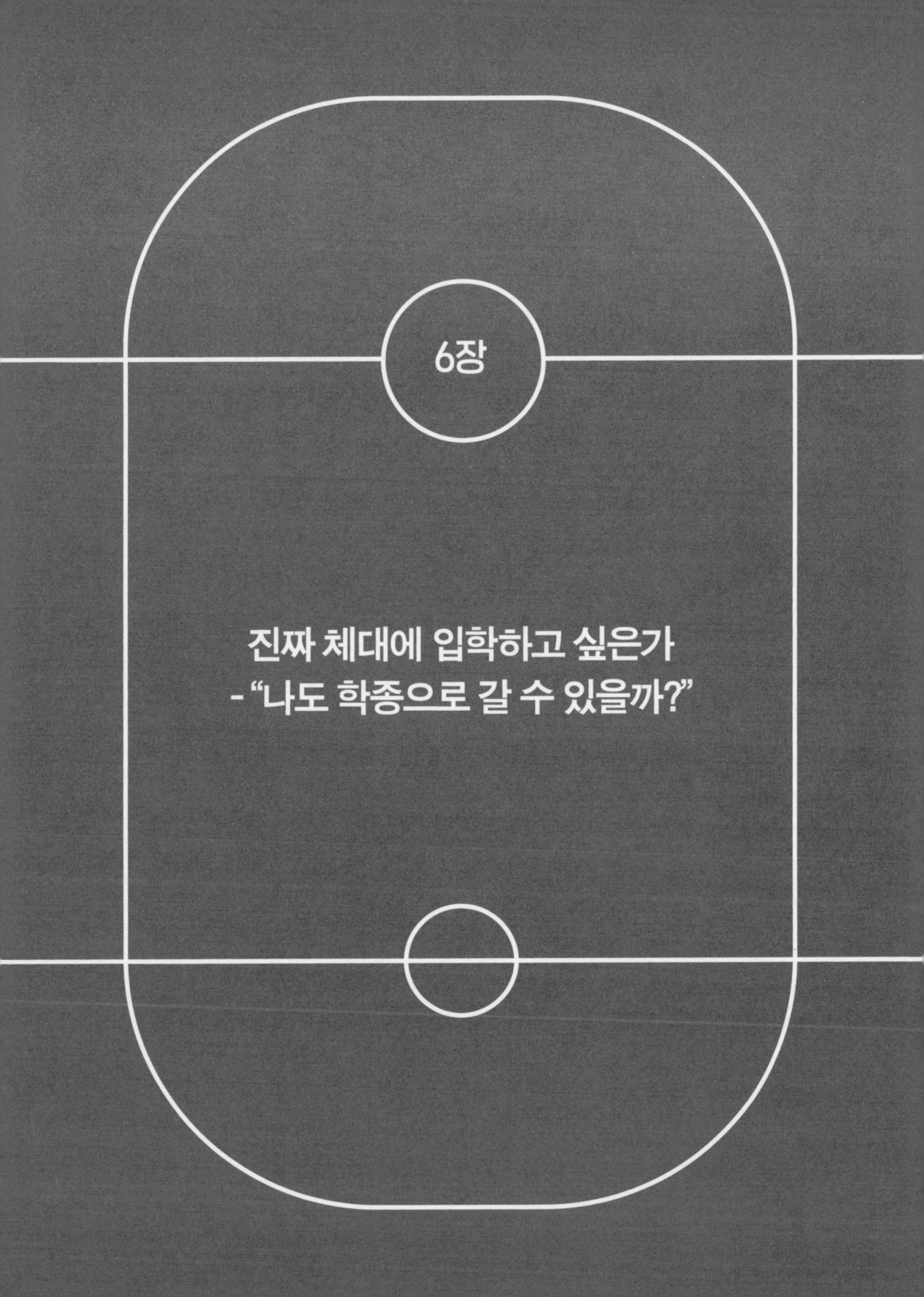

6장

진짜 체대에 입학하고 싶은가
- "나도 학종으로 갈 수 있을까?"

당신도 체대에
갈 수 있다

한 해를 마무리하며 다음 학년도 입시를 준비할 때, 나는 체대 학생부종합전형으로 합격한 학생들을 대상으로 '합격자 콘서트'를 진행한다. 이 자리에서는 학생부종합전형 입결 분석을 공유하고, 다음 해의 주인공이 될 학생들과 학부모들에게 입시 트렌드를 설명한다. 그리고 마지막 순서로 실제로 합격하여 대학에 진학하게 된 학생들을 소개하고 인터뷰를 진행한다. 학생들은 자신이 합격할 수 있었던 사례를 공유하고, 자신만의 팁을 아낌없이 나눈다. 좋은 기운은 언제나 이어지는 것 같다.

콘서트를 진행할 때 나에게 질문을 했던 아이가, 관객석에서 눈을 반짝이며 강연을 듣던 아이가 어느새 다음 해의 합격생이 되어 같은 무대에 서기도 한다. 그리고 인터뷰를 함께 진행한다. 내가 연단에 서서 강연을 시작할 때 가장 먼저 공개하는 것이 바로 그

해의 합격자 명단이다. 그러면 학생들은 콘서트가 끝난 뒤 항상 이렇게 말한다.

"내년에 저 명단에 제가 올라갔으면 좋겠어요."

이 글을 읽고 있는 당신도, 그리고 당신의 자녀도 체대 학생부종합전형으로 합격할 수 있다.

수시 합격자 발표일은 학교마다 조금씩 다르지만, 대부분의 대학이 12월 둘째 주에 최초 합격자를 발표한다. 학생부종합전형으로 지원한 학생들의 결과가 나오는 날이기 때문에 학생들과 학부모 모두 떨리는 마음으로 발표를 기다린다. 자신이 채워 온 생활기록부가 어떤 평가를 받게 될지, 면접을 잘 보고 온 것인지 그렇지 못했는지 확신하지 못한 채 간절한 마음으로 결과를 기다리게 된다.

조금 더 거슬러 올라가 보면 1차 합격자 발표 순간에도 많은 학생들이 비슷한 감정을 느낀다. 지원했던 대학에서 불합격 통보를 받으면 그동안 노력해 온 생활기록부가 부정당하는 것처럼 느껴지기도 하고, 자신의 내신이 좋은 평가를 받지 못한 것 같아 아쉬움과 속상함을 느끼기도 한다. 그런 마음을 안은 채 다시 다른 대학의 결과를 기다리는 학생들도 많다.

지금까지 수많은 합격자 발표일을 함께 지켜보면서 나 역시 컨설턴트로서 단 한 번도 긴장하지 않았던 적이 없다. 그러나 합격을 기다리며 긴장하고 있는 학생들에게 나는 항상 같은 말을 한다.

"학생부종합전형은 끝까지 모른다. 멘탈을 단단히 잡아야 한다.”

　실제로 1차 합격자 발표에서 다섯 곳 모두 탈락하고 마지막 지원 학교, 그것도 자신의 1순위 학교에서 수석으로 합격하여 장학금을 받은 사례도 셀 수 없이 많다. 합격하여 대학에 다니고 있는 학생들, 그리고 합격을 기다리고 있는 수험생들 모두 지금까지 채워 온 생활기록부를 바탕으로 대학에 지원한다. 선배들의 사례를 보며 “나도 저 대학에 갈 수 있을까?”라는 꿈을 키우고, 방향을 설정하며 자신의 생활기록부를 수차례 점검한다.

　그렇게 만들어진 생활기록부는 단순한 기록이 아니다. 나의 고등학교 생활이 그대로 담긴 결과물이며 평생 남는 기록이다. 대학에 합격한 이후에도 그것은 나의 자랑이 되며, 때로는 다음 도전을 위한 계기가 되기도 한다. 이것이 바로 우리가 생활기록부를 정성껏 채워야 하는 이유이다. 그리고 제대로 채워진 생활기록부는 결국 대학 합격이라는 결과로 이어진다.

　지금까지 각 장에서 소개한 내용들은 체대 학생부종합전형이라는 비교적 미개척 분야에서 직접 부딪히며 얻은 노하우이자, 실제 합격자와 불합격자의 데이터를 분석하여 검증된 방법들이다. 앞에서 말했듯이 좋은 기운은 이어진다. 선배들이 체대 학생부종합전형을 준비하며 고민하고 노력했던 흔적들, 그 데이터들은 결국 후배들이 원하는 대학에 진학할 수 있는 길을 열어 준다. 일반고, 체육고, 특목고, 자사고, 특성화고, 그리고 다른 학교로 전학한 사례까지 다양한 학교의 데이터가 축적되어 있다. 우리는 이러한 선배들의 빅데이터를 토대로 자신의 전략을 세우면 된다.

여러분은 앞선 장들을 통해 학생부종합전형에서 생활기록부가 어떤 방식으로 평가되는지 배웠다. 어떤 역량을 중심으로 채워야 하는지, 구체성과 사실성, 적극성이 무엇인지, 자신의 내신에 맞는 학교와 학과를 어떻게 선택해야 하는지, 그리고 자신의 생활기록부에서 부족한 부분을 어떻게 찾아낼 수 있는지도 배웠다. 다시 말해 체육대학 학생부종합전형에서 성공할 수 있는 방법을 모두 학습한 것이다.

나는 이 책에서 단순한 이론을 설명하는 데서 그치지 않고, 실제 생활기록부에 어떻게 적용할 수 있는지까지 전달하고 싶었다.

"당신도, 당신의 자녀도 체대 학생부종합전형으로 대학에 갈 수 있다."

여러분은 이미 체대 학생부종합전형으로 합격한 수많은 선배들의 노하우를 알고 있다. 그리고 그 노하우를 통해 합격으로 가는 방법을 배웠다. 이제 중요한 것은 이 책에서 배운 방법들을 자신의 생활기록부에 어떻게 적용할 것인가이다. 그것이 결국 어떤 결과로 나타나는지가 핵심이다.

자신의 흥미 분야를 찾고, 진학을 위한 결정을 내려라. 그렇게 한다면 어느 순간 당신도, 당신의 자녀도 대학에 합격하여 후배들에게 길을 알려 주는 합격생 멘토로 서 있게 될 것이다.

여러분의 꿈을 진심으로 응원한다.

나의 생기부, 어디가 강점인지 다시 확인하라

　나의 생활기록부, 지금까지 어떤 강점이 있는지 제대로 파악하지 못했던 그 생활기록부부터 다시 들여다볼 필요가 있다. 앞선 장에서 우리는 어떤 평가 기준에 근거하여 생활기록부를 분석하고 평가하는지, 최근 진행되는 서류 평가 시스템은 무엇인지, 그리고 그 평가 기준을 바탕으로 앞으로 생활기록부를 어떤 방향으로 채워야 하는지까지 살펴보았다. 이제 앞에서 배운 내용을 근거로 하루 정도 시간을 내어 자신의 생활기록부를 다시 검토하고 평가해 보는 시간을 가져 보기를 바란다.

　앞에서 우리는 생활기록부의 평가 기준에 대해 살펴보았다.

　우선 생활기록부의 첫 번째 기준은 사실성이다. 생활기록부는 선생님들이 직접 작성해 주지만, 평가적인 표현 자체만으로 얻을 수 있는 정보는 생각보다 많지 않다. 만약 자신의 생활기록부를 보면서 평가 문구에만 집중했다면 다시 한번 내용을 자세히 살펴보며 그 안에 담긴 사실적인 활동 내용이 어떤 평가를 받을 수 있을지 스스로 예측해 보아야 한다.

두 번째 기준은 구체성이다. 학교마다 생활기록부를 기록하는 방식은 조금씩 다르다. 어떤 학교는 먼저 평가적인 표현을 적고 그 뒤에 활동 내용을 한두 줄 정도로 간단하게 기록하기도 하고, 어떤 학교는 활동 내용 위주로 서술하거나 내용과 함께 학생의 느낀 점까지 함께 기록하기도 한다. 방식은 다양하지만 중요한 것은 자신이 재학 중인 학교의 기록 방식을 이해하는 것이다. 그리고 자신의 생활기록부를 보았을 때 동기, 활동 내용, 느낀 점이 구체적으로 드러나 있는지를 확인해 보아야 한다. 이를 통해 한 활동이 양적으로 부족한지, 혹은 질적으로 부족한지도 파악할 수 있다.

마지막 기준은 적극성과 주체성이다. 생활기록부에서 우리 아이의 활동이 얼마나 능동적으로 드러나 있는지 확인해야 한다. 탐구 활동의 개수가 얼마나 되는지, 과목별로 적극적으로 참여한 과목은 몇 개인지, 단순히 수행평가만 진행했거나 주체적인 탐구 활동이 없는 과목은 무엇인지 확인해 보아야 한다. 이렇게 하면 자신의 취약 과목과 활동 영역을 찾을 수 있다. 또한 생활기록부 문장에서 사용된 어미 표현이 수동적인 표현인지, 적극적인 표현인지도 중요한 평가 요소가 된다.

지금까지 우리는 생활기록부 평가 기준, 즉 생활기록부를 바라보는 큰 틀에 대해 살펴보았다. 이제는 각 활동 영역별로 우리 아이의 생활기록부가 어떤 평가를 받을 수 있는지 조금 더 세밀하게 점검해 보자.

먼저 생활기록부의 구조를 떠올려 보자. 비교과 활동부터 살펴보겠다. 첫 번째는 창의적 체험활동 중 자율활동이다. 자율활동에서 중요한 것은 학생이 맡은 역할이다. 그 역할이 반드시 크거나 특별할 필요는 없다. 작은 역할이라도 그 역할을 통해 수행한 활동이 잘 기록되어 있다면 훌륭한 리더십과 공동체 기여도를 가진 학생으로 평가받을 수 있다.

두 번째는 동아리 활동이다. 동아리 활동에서는 우선 동아리의 명칭을 살펴보아야 한다. 그 동아리가 학생의 진로 방향과 연관성이 있는지 확인해 보자. 만약 직접적인 관련이 없다면 그 동아리 안에서 어떤 활동을 했는지 살펴보아야 한다. 특히 학생이 주체적으로 이끌어 간 활동이 있었는지도 확인해 보아야 한다.

세 번째는 진로 활동이다. 진로 활동은 학생이 수행한 진로 관련 탐구 활동이 기록되는 영역이다. 여기서는 학생의 활동이 단순히 교육을 받는 수준에 머물러 있는지, 아니면 스스로 꿈을 탐색하고 계획하며 진행한 활동인지 확인해야 한다. 즉 수동적인 참여가 아니라 주도적인 탐구 활동이 기록되어 있는지를 살펴보아야 한다.

이제 교과 활동을 살펴보자. 교과 활동에는 두 가지 요소가 포함된다. 바로 학업 성취도와 세부능력 및 특기사항이다. 우선 우리 아이에게 부족한 과목이 무엇인지, 그리고 노력하면 성적을 더

올릴 수 있는 과목이 무엇인지 파악해야 한다. 시간 배분을 고려하여 효율적으로 관리할 수 있는 과목에 집중하는 것도 하나의 전략이 될 수 있다. 학생부종합전형은 결국 종합적인 평가이기 때문이다.

그리고 가장 중요한 영역이 바로 과목별 세부능력 및 특기사항이다. 각 과목에서 학생의 학업 역량과 진로 역량을 보여 줄 수 있는 탐구 활동이 적절히 기록되어 있는지 살펴보아야 한다. 특정 과목에서 활동 내용이 지나치게 짧게 기록된 것은 없는지, 활동 내용 안에서 창의성과 탐구성이 드러나는 사례가 있는지도 확인해야 한다.

이처럼 생활기록부를 점검하는 과정에서 우리는 평가 기준을 기준으로 어떻게 판단해야 하는지, 그리고 각 영역과 과목에서 어떤 요소가 어떤 평가를 받을 수 있는지를 살펴보았다. 자신의 생활기록부에 이러한 기준을 적용해 보면서 큰 틀뿐 아니라 세부적인 강점까지 찾아낼 수 있다면, 여러분 역시 이미 생활기록부 분석에 있어 상당한 이해를 갖춘 것이다.

예를 들어 농구를 좋아하는 학생인지, 축구를 좋아하는 학생인지, 혹은 학업 역량보다 리더십이 더 강점인 학생인지 등을 파악할 수 있다. 이러한 강점을 발견했다면 그것을 적극적으로 살려야 한다. 만약 특정 분야, 예를 들어 AI와 같은 분야에 관심이 있다면 그 관심을 적극적으로 발전시키는 것이 좋다. 이러한 강점은 대학 진학 과정에서 분명한 경쟁력이 된다.

반대로 탐구 활동이 부족한 과목이나 활동 영역이 있다면 다음 학기나 다음 학년에 더 집중적으로 보완해야 한다. 이렇게 하면 생활기록부의 균형을 맞출 수 있다.

이제 우리는 생활기록부를 훨씬 더 깊이 이해하게 되었다. 그렇다면 앞으로 우리 아이가, 혹은 여러분 자신이 어떤 방향으로 생활기록부를 채워야 할지 어느 정도 보이지 않는가?

설렘을 가지고 시작해 보자. 누구보다 체계적으로 준비한 이 생활기록부가 결국 여러분의 자녀를, 그리고 여러분 자신을 합격으로 이끌게 될 것이다.

학년 생기부는
연 단위로 마감된다

2028학년도 입시부터 도입된 고교학점제와 내신 5등급제는 현장에서 상당한 혼란을 가져왔다. 교사들의 업무는 크게 늘어났고, 학생 활동에 대한 생활기록부 기입 분량은 한 학기당 500자로 변경되었다. 또한 3학년 1학기 기준으로 8월 말에 생활기록부가 마감되는 방식으로 제도가 바뀌면서, 학기 단위로 기록을 마무리하는 방식이 잠시 적용되기도 했다.

이러한 변화 속에서 컨설팅 현장에서는 이미 1학기를 마친 학생들이 자신의 생활기록부를 가지고 와 기록 내용을 확인하는 경우가 많았다. 그런데 흥미로운 점은 어떤 학교의 학생들은 1학기 기록을 확인할 수 있었지만, 어떤 학교의 학생들은 아직 학교에서 작성이 이루어지지 않았다는 답을 듣기도 했다는 것이다. 학교마다 상황이 매우 달랐고, '제각각이었다'는 표현이 가장 적절한 상황이었다.

다행히 이후 제도가 다시 조정되면서 한 학기 500자 기준에서 학년별 500자 기준으로 변경되었다. 이로 인해 교사들의 업무 부담이 어느 정도 완화되었고, 생활기록부 기입 방식과 기한 역시 이전과 유사한 형태로 돌아오게 되었다. 심리적인 부담과 실제 업무량 모두 조금씩 정상적인 흐름을 되찾게 된 것이다.

컨설팅 현장에서 생활기록부를 분석하고 상담을 진행하다 보면 처음 상담을 요청하는 학부모와 학생들이 가장 많이 하는 질문이 있다.

"아직 생활기록부가 완전히 나오지 않았는데 지금 평가가 가능할까요?"

"차라리 모든 기록이 나온 뒤, 3월 초쯤에 상담을 받는 것이 좋지 않을까요?"

생활기록부는 기본적으로 연 단위로 마감된다. 단, 3학년 1학기의 경우 수시 원서 접수를 위해 학기 단위로 마감된다. 일반적으로 학년별 생활기록부가 사실상 마무리되는 시점은 방학이 아니라 2월 말이라고 볼 수 있다. 고등학교 1학년은 2학년으로 올라가는 겨울방학 이후에, 고등학교 2학년 역시 3학년으로 올라가는 겨울방학 이후에 기록이 마감되는 구조이다.

그러나 학교 현장의 상황도 함께 고려해야 한다. 보고서 제출과 관련된 활동을 기준으로 보면 학교마다 운영 방식이 다르다. 어떤 학교는 탐구 활동 보고서를 12월 말까지 마무리하도록 하고, 어떤 학교는 방학 중에도 보고서를 제출하도록 한다. 심지어 봄방학 기간에 학교에 등교하여 추가적인 보고서나 탐구 활동을 제출하도록 하는 경우도 있다. 이러한 사례들은 탐구 활동 제출 기간의 다양한 예일 뿐이며, 실제 운영 방식은 학교와 교사에 따라 매우 다양하므로 참고 정도로 이해하면 된다.

이번에는 생활기록부의 최종 마감 시점이라는 관점에서 살펴보자. 통상적으로 생활기록부의 마감 시점은 2월 말이다. 일부 교사들은 학기 중간에도 기록을 작성하지만, 실제로 많은 기록이 작성되는 시점은 학년이 완전히 끝난 이후 방학 기간인 경우가 많다.

학생 입장에서 자신의 생활기록부가 언제 마무리되는지 아는 것은 매우 중요하다. 또한 생활기록부가 사실성, 구체성, 적극성(주체성)이라는 세 가지 요소에 맞게 작성되었는지 확인할 수 있다면 더욱 좋다. 생활기록부 기록에서 가장 중요한 기준은 바로 이 세 가지이다. 학생이 이러한 원칙을 이해하고 자신의 활동을 돌아볼 수 있다면, 생활기록부에 기록되는 방식 역시 보다 자신의 노력에 맞게 반영될 가능성이 높아진다.

물론 이 역시 학교와 교사에 따라 상황이 다르다. 어떤 학교는 학생에게 생활기록부 내용을 전혀 공개하지 않기도 하고, 단순히 오탈자 확인 정도만 허용하는 경우도 있다. 반대로 생활기록부를 최종 작성하기 전에 학생에게 보여 주며 활동 내용을 함께 확인하고 수정 사항을 점검하는 교사들도 있다. 이처럼 운영 방식은 학교와 교사마다 매우 다양하다.

이 때문에 활동 리스트를 만들어 두는 것이 필요하다. 자신이 어떤 과목에서 어떤 주제로 보고서를 제출했는지, 어떤 토론에 참여했는지, 어떤 프로젝트 활동을 진행했는지 등을 정리해 두면 기본적인 준비는 되어 있는 것이다. 여기에 자신이 작성했던 보고서까지 함께 보관하고 있다면 더욱 좋다. 보고서에는 활동의 구체적인 동기와 느낀 점이 담겨 있기 때문에, 만약 생활기록부에 활동이 충분히 구체적으로 기록되지 않았을 경우 교사에게 정중하게 추가 반영을 요청할 수 있는 근거가 되기 때문이다.

학생은 자신이 노력한 만큼의 결과가 생활기록부에 반영되기를 요구할 수 있다. 만약 본인이 직접 수행한 의미 있는 활동이 생활기록부에 기록되지 않았다면, 학교의 심의위원회를 통해 정정 요청을 할 수도 있다.

학교와 교사의 상황에 따라 보고서 제출 기한과 생활기록부 마감 시점이 다르기 때문에, 이를 잘 고려하면 생활기록부를 마지막까지 보완할 수 있다. 이것은 학생이 충분히 해야 하는 노력의 과정이기도 하다. 컨설팅 현장에서 가장 아쉬운 경우는 생활기록부가 완전히 마감된 이후에 상담을 요청하는 경우이다. 이미 수정 기한이 지난 뒤라면 해당 학년의 기록은 그대로 마무리되고, 다음 학년을 위한 방향 제시만 가능하기 때문이다.

반대로 말하면 학교와 교사의 상황이 허락하는 범위 내에서는 생활기록부 마감 1주 전이라도 기록을 보완하여 학생에게 더 강점이 되는 생활기록부로 바꿀 수 있다는 뜻이기도 하다. 결국 생활기록부는 끝날 때까지 끝난 것이 아니다.

1년 동안 열과 성을 다해 100의 노력을 기울였는데 생활기록부에는 30만 반영된다면 얼마나 아쉬운 일이겠는가. 이러한 상황을 미리 방지하기 위해 마지막 정리 과정에 더욱 신경을 써야 한다.

자신의 생활기록부를 어떻게 분석해야 하는지 알고, 부족한 부분을 채우기 위해 노력하며, 기록되기 전에 활동을 점검하고 보완할 수 있다면 여러분은 어느 대학에서도 강점이 되는 생활기록부를 갖게 될 것이다.

또한 학교생활을 성실하게 해 온 학생이라면 이러한 부분을 교사에게 정중하게 요청할 수 있는 관계도 자연스럽게 형성된다. 그래서 결국 교사와의 우호적인 관계가 체대 학생부종합전형을 준비하는 가장 기본적인 요소라고 할 수 있는 것이다.

실제 합격 사례 1
: 수동적인 학생에서 리더로

    체대 학생부종합전형을 준비하는 학생들 가운데에는 운동을 매우 좋아하고 운동에 대한 탐구도 즐기지만, 학생부종합전형에서 요구하는 역량 가운데 하나인 리더십을 보여주는 데 어려움을 겪는 학생들도 있다. 학급 회장처럼 반을 대표하는 역할을 맡아 친구들 앞에서 말하거나 선거에 출마하는 것 자체에 큰 부담을 느끼는 학생들이다. 앞에 나가 여러 사람을 대상으로 말하는 상황 자체가 부담스러운 학생들에게는 회장이나 부회장과 같은 역할을 맡는 것이 심리적으로 상당한 부담이 되기도 한다.

    컨설팅을 위해 상담을 진행하면서 학생들에게 말을 시켜보면 처음부터 말을 잘하고 처음 만난 사람 앞에서도 자연스럽게 이야기하는 학생들도 있다. 그러나 대부분의 학생들은 처음 만난 자리에서 어색함을 느끼며 시간이 지나 면접 수업을 받을 정도가 되어야 비로소 자신의 성격을 조금씩 드러내기 시작한다.

지금으로부터 약 2년 반 전, 한 학생이 상담실 문을 열고 들어왔던 모습이 아직도 기억에 남는다. 이후 면접 컨설팅까지 함께 진행했기 때문에 처음 상담실에 들어왔던 그 학생의 모습이 더욱 또렷하게 떠오른다.

부모님과 함께 상담실로 들어온 그 학생은 행동도 매우 조심스러웠고 처음 보는 사람과 눈도 잘 마주치지 못했다. 몇 가지 질문을 던져 보았지만 돌아오는 대답은 대부분 "네" 또는 "아니요" 정도였다. 한 문장 이상의 답변을 기대하기 어려울 정도였다.

게다가 내신 성적도 좋은 편은 아니었다. 보통 내신이 좋지 않은 경우에는 자신의 목표가 명확하게 설정되지 않았거나 아직 구체적인 꿈을 정하지 못한 경우가 많다. 그 학생 역시 마찬가지였다.

부모님과 학생에게 학생부종합전형에 대한 간단한 설명을 한 뒤 스포츠 분야에서 선택할 수 있는 다양한 진로에 대해 이야기를 나누었다. 당시 학생은 고등학교 1학년이었기 때문에 1학년 동안 진행했던 활동을 하나씩 물어보며 관심 분야를 파악하려고 했다.

대화를 이어가던 중 그 학생이 스포츠를 '하는 것'보다 '보는 것'을 매우 좋아한다는 사실을 알게 되었다. 그리고 조금 더 깊이 이야기해 보니 스포츠 경기 속에서 나타나는 분석과 통계에 관심이 있다는 것도 발견할 수 있었다.

그래서 스포츠 분석과 통계와 관련된 진로로 스포츠 과학 분야와 스포츠 산업 분야를 소개해 주었다. 그와 함께 관련 직업들에 대해서도 설명하며 학생이 자신의 꿈에 대해 생각해 볼 수 있도록 질문을 이어 갔다.

물론 상담의 핵심은 진로 이야기만이 아니었다. 진학 컨설팅이었기 때문에 목표 대학에 맞추어 필요한 내신 수준과 앞으로 준비해야 할 탐구 활동에 대한 이야기도 함께 진행했다. 학생은 나의 질문에 눈을 잘 마주치지 못했지만, 자신이 관심을 가지고 있는 체육과 체대 학생부종합전형에 대한 설명을 들을 때는 눈을 반짝이며 집중해서 듣고 있었다.

사실 그 학생의 내신 성적을 보며 속으로 이런 생각이 들었다.

'체대 학생부종합전형으로 가능성이 있을까? 2학년과 3학년 때 성적을 꽤 많이 끌어올려야 할 텐데.'

또한 리더십 경험도 부족했기 때문에 2학년이 되면 학급 회장이나 부회장 같은 역할을 한 번 맡아 보는 것이 어떻겠느냐고 가볍게 제안했다.

그리고 1년 후, 그 학생이 어머니와 함께 다시 상담실을 찾았다. 내신 성적은 내가 예상했던 것보다 훨씬 많이 올라 있었고, 자율활동 기록에는 '학급 부회장'이라는 내용이 적혀 있었다.

그 학생은 내가 제안했던 것 이상으로 스스로 목표를 이루어 낸 모습이었다. 표정에서도 이전과는 다른 자신감이 느껴졌다. 상담실에 앉은 학생은 처음으로 내 눈을 바라보며 마치 칭찬을 기다리는 듯한 표정으로 이렇게 말했다.

"선생님, 그래도 제가 성적을 많이 올렸습니다."

그리고 이어서 이렇게 말했다.

"용기를 내서 부회장도 맡아 봤습니다. 다음 학기에는 회장도 해 보려고 합니다."

이후 어머니의 이야기를 들으며 그 변화의 과정을 알 수 있었다. 상담 이후 학생은 이전에는 아무리 권해도 관심을 보이지 않던 회장이나 리더 활동에 대해 다시 생각하기 시작했다고 했다. 상담을 통해 '스포츠 데이터 분석가'라는 목표가 생기자 관련 탐구 활동뿐만 아니라 리더십 활동도 함께 해야겠다는 생각을 하게 되었다는 것이다. 어머니는 그런 모습을 처음 본다는 듯 놀라워하며 말씀하셨다.

이번 상담에서는 이전과 달리 학생의 입에서도 많은 이야기를 들을 수 있었다. 시선을 맞추는 태도 역시 훨씬 자연스러워져 있었다. 매우 인상적인 변화였다.

학생에게 여러 질문을 던지자 그는 이렇게 말했다. 리더라는 역할을 맡아 친구들과 함께 활동하면서 소심했던 자신의 성격에서도 할 수 있는 일이 많다는 것을 알게 되었고, 자신은 앞에서 지휘하는 스타일이 아니라 조용히 뒤에서 친구들을 도와주는 부회장 역할이 잘 맞는다는 것을 깨달았다고 했다.

또한 공통 관심사를 가진 친구들과 이야기를 나누며 자신의 꿈도 더욱 분명해졌다고 했다. 앞으로 스포츠 구단에서 데이터를 분석하고 관리하여 팀이 훌륭한 선수를 영입할 수 있도록 돕는 역할을 하고 싶다고 말했다. 자신이 좋아하는 축구라는 종목에서 단순히 경기를 잘하는 선수가 되는 것뿐만 아니라, 축구 산업 속에서 하나의 역할을 맡아 기여하고 싶다는 것이었다.

그 학생은 이미 준비가 되어 있었다. 다음 학기에는 부회장을 넘어 학급 회장을 맡아 조용하지만 묵묵한 카리스마로 반의 여러 일을 솔선수범하며 해결하는 리더가 되었다. 물론 이러한 유형의 리더를 원하는 학교도 많다. 결국 그 학생은 꾸준히 상승한 내신 성적과 함께 자신의 진로와 연결된 활동들을 통해 원하는 대학들에 합격하게 되었다. 최종 내신이 아주 높은 편은 아니었지만, 경희대학교를 포함한 여러 대학에 합격했다.

결국 리더십도 하나의 경험이다. 앞에서 이끄는 리더만이 리더는 아니다. 뒤에서 묵묵히 친구들을 돕는 리더 역시 충분히 훌륭한 리더이다. 소심한 학생도 충분히 할 수 있다. 몇 번의 실패를 겪는다고 해서 문제가 되는 것은 아니다. 경험을 통해 성장할 기회는 언제나 존재한다.

한 번의 도전, 그리고 생각의 전환만으로도 학생들은 크게 성장할 수 있다. 아이들 앞에서 자신의 의견을 말할 수 있게 되고, 자신이 원하는 목표를 당당하게 이야기할 수 있게 된다. 그렇게 학생은 소심하고 수동적인 모습에서 벗어나, 자신이 원하는 것을 명확하게 말하고 찾아가는 사람으로 변화하게 된다.

실제 합격 사례 2
: 스튜어디스에서 체대학종 3관왕까지

학교에서 상담을 받아보아도, 근처 체대 입시 학원에서 상담을 받아보아도 상황은 크게 다르지 않다. 자신의 내신 등급과 생활기록부를 보여주며 체대 학생부종합전형으로 합격할 수 있을지 물어보면 대부분 돌아오는 답은 "모르겠습니다."이다.

사실 "모르겠습니다."라는 답변을 듣는 것만으로도 오히려 고마운 일일 수 있다. 많은 곳에서는 "안 됩니다." 혹은 "절대 안 되니 정시를 준비하세요."라고 단정적으로 말하기도 하기 때문이다.

대부분의 입시 기관은 자신이 속한 학교나 학원에서 합격자가 배출된 사례를 중심으로 데이터를 쌓는다. 그리고 그 데이터를 기준으로 가능성을 판단한다. 하지만 해당 사례가 없다면 자연스럽게 "어렵다." 혹은 "안 된다."라는 답이 먼저 나오게 된다.

체대 학생부종합전형을 준비하는 학생들과 학부모들이 가장 많이 궁금해하는 것 가운데 하나는 진로가 중간에 변경되었을 때 어떤 평가를 받게 되는가라는 점이다. 컨설팅 현장에서 나는 수많은 진로 변경 사례를 보아 왔고 그 경험과 데이터가 머릿속에 축적되어 있다. 그중에서도 특히 기억에 남는 몇 가지 사례를 소개하고자 한다.

컨설팅 신청자들의 비율을 살펴보면 대부분은 학부모, 그중에서도 어머님이 약 90% 이상을 차지한다. 나머지 5% 정도가 아버님, 그리고 또 다른 5% 정도가 학생 본인이다. 학생이 직접 신청하여 상담까지 이어지는 경우는 많지 않다. 그래서인지 학생이 직접 상담을 신청한 사례는 더욱 기억에 남는다. 그중 한 학생이 특히 인상 깊었다. 그 학생은 스스로 컨설팅을 받고 싶다며 직접 전화를 했고 상담 등록까지 진행했다. 상당히 주체적인 태도를 가진 학생이었다. 하지만 그 학생에게는 한 가지 고민이 있었다. 고등학교 1학년 때 체육과는 전혀 다른 꿈을 가지고 있었기 때문에 그 부분이 대학 평가에서 어떻게 반영될지가 궁금하다는 것이었다.

사실 이러한 사례는 꽤 많았기 때문에 처음에는 크게 특별하게 느껴지지 않았다. 이메일로 보내온 생활기록부를 열어 보니 1학년 때 그 학생의 꿈은 배우 혹은 스튜어디스였다. 동아리 활동도 밴드 동아리였고 드럼을 연주하며 활발한 에너지를 발산하는 학생이었다. 그 활동을 통해 긍정적인 평가도 생활기록부에 잘 기록되어 있었다.

이 학생은 고등학교 2학년 1학기에서 2학기로 넘어가는 방학 시기에 상담을 받으러 왔다. 나는 생활기록부를 분석한 뒤 학생에게 이렇게 설명했다. 학교에서의 평가는 전반적으로 긍정적이고 활발한 성격과 좋은 인성을 가진 학생으로 보이지만, 활동의 구체적인 사실 기록과 체육 진로에 대한 표현이 아직 부족하다는 점을 이야기했다. 그리고 학생에게 질문했다. 언제부터 체육대학 진학을 생각하게 되었는지 물어보았다.

학생은 중학교 때부터 운동을 좋아했고 운동에 대한 흥미는 꾸준히 있었지만, 실제로 체육 분야를 진로로 생각하게 된 것은 고등학교 1학년이 끝나고 2학년 1학기 무렵이라고 말했다. 하지만 생활기록부를 어떻게 채워야 하는지 방법을 몰랐고, 갑작스럽게 체육 진로로 방향을 바꾸다 보니 1학년 활동과 2학년 활동 사이의 진로 연결성이 어떻게 평가될지 걱정이 되었다고 했다. 막연히 운동을 좋아하는 마음은 있었지만 그것을 진로로 연결해야 하는 상황이 되자 방향을 잡기가 어려웠고, 그래서 관련 정보를 찾다가 컨설팅을 신청하게 되었다고 말했다.

나는 그 학생의 주체적인 태도가 매우 인상적이었다. 적어도 이 학생은 스스로 고민하며 자신의 꿈을 찾기 위해 행동하고 있었다. 나는 그 학생의 가능성을 보았고, 앞으로의 생활기록부에서 자신의 방향을 하나씩 만들어 갈 수 있도록 상담을 진행했다. 내신 성적이 아주 높은 편은 아니었지만 학생이 가장 희망하는 진학 분야를 고려하여 목표를 설정하자는 방향으로 이야기를 나누었다. 배우나 스튜어디스를 꿈꾸며 밴드 활동을 할 정도로 에너지가 넘쳤던 학생이었기 때문에, 그 에너지를 바탕으로 왜 운동을 좋아하게 되었는지를 정리하도록 했다. 그리고 1학년의 꿈과 2학년의 꿈 사이에 연결고리를 만들도록 도왔다. 사실 새로운 것을 만들어 낸 것이 아니라, 이미 그 학생 안에 존재하고 있던 이야기를 끌어낸 것에 가까웠다.

이후 2학년을 마치고 3학년으로 올라가는 시점에 학생은 다시 생활기록부를 보내 왔다. 자신의 기록이 어떤 평가를 받을 수 있을지 궁금하다고 했다. 그 생활기록부를 보며 나는 이 학생이 체대 학생부종합전형을 준비할 기본적인 준비가 거의 완료되었다는 것을 확인할 수 있었다. 그 이후의 결과는 예상대로였다. 학생은 3학년 1학기까지 체육교육과 진학이라는 분명한 목표를 가지고 준비했다. 내신 성적이 체육교육과 합격에는 다소 부족했기 때문에 교직 이수가 가능한 체육학과를 1순위 목표로 설정했다. 결과는 매우 좋았다. 1순위 대학 합격은 물론이고 교과 전형까지 포함하여 4개 대학 합격, 그리고 일반고 체대 학생부종합전형 3관왕이라는 결과를 얻었다.

나는 이 학생의 사례만을 진로 변경의 성공 사례로 이야기하고 싶은 것은 아니다. 실제로는 훨씬 다양한 사례들이 존재한다. 2학년 말 생활기록부 마감 직전에 체대 학생부종합전형으로 진로를 변경한 경우, 3학년이 된 이후 체육 분야에 대한 관심과 세부 진로를 명확히 드러내 합격한 사례도 있다. 스포츠 의학 분야를 준비하다가 스포츠 마케팅 분야로 진로를 변경하여 합격한 사례도 있으며, 이와 비슷한 진로 변경 사례는 매우 많다.

나는 앞에서 이렇게 설명한 적이 있다.

1학년은 자신의 꿈을 탐색하는 시기이고,

2학년은 세부 분야로 깊이 들어가는 시기이며,

3학년은 자신의 꿈을 확고하게 만드는 시기이다.

지금까지의 생활기록부 방향 때문에 자신이 진정으로 원하는 체대 학생부종합전형을 포기하는 것은 매우 안타까운 일이다. 만약 진심으로 관심이 생겼다면 그 순간부터 바로 움직이면 된다. 그렇게 하면 이미 가지고 있던 체육에 대한 관심과 운동을 좋아하는 마음을 기반으로 충분히 진로의 연결성을 만들 수 있다. 가능하다면 하루라도 빨리 시작하는 것이 좋다. 중요한 질문은 이것이다.

"왜 나는 체육을 좋아하게 되었는가?"

만약 과학을 좋아한다면 "왜 과학을 좋아하게 되었는가?", 그리고 "그 관심이 어떻게 체육 분야로 확장되었는가?"를 설명할 수 있어야 한다. 처음에는 체육과 전혀 관련 없어 보이는 분야라도 분명히 연결되는 지점이 존재한다. 그리고 진로를 고민하며 겪었던 혼란의 시간 역시 결국에는 도움이 된다. 그 과정 속에서 자신의 꿈이 더 분명해지고, 진학을 위한 방향도 더욱 또렷해지기 때문이다.

지금 시작해도 늦지 않았다. 마음이 움직였다면 바로 행동하라. 그러면 결국 원하는 결과를 스스로 쟁취하게 될 것이다.

이제 나도
학종으로 갈 수 있어!

당신에게 전하는 확신

"쌤, 저도 학종으로 대학 갈 수 있을까요?"

"선생님, 정말 우리 아이가 합격할 수 있을까요?"

상담실 문을 열고 들어오는 수많은 학부모님의 눈에는 간절함과 불안, 기대 등 다양한 감정이 담겨 있다. 그리고 그 옆에서 따라 들어오는 아이의 어깨는 큰 체격에 비해 축 처져 있고 힘이 없어 보인다. 부족한 생활기록부와 낮은 내신 등급 때문에 스스로를 자책하는 아이, 그리고 그런 아이를 애써 지켜보는 부모님을 나는 수없이 보아 왔다.

하지만 나는 이 체대 입시, 체대 학생부종합전형이라는 치열한 입시 현장에서 수만 번의 합격과 기적을 목격하며 결코 흔들리지 않는 확신 하나를 얻었다.

내신이 부족해서,

성격이 소심해서,

진로를 뒤늦게 바꿔서,

생활기록부 마감 시기가 불안해서….

이처럼 복잡한 고민을 안고 전전긍긍했던 선배들의 실제 사례는 셀 수 없이 많다. 그렇다면 이들의 공통점은 무엇일까?

학생부종합전형으로 합격한 선배들은 말을 유난히 잘하는 특별한 천재도 아니었고, 처음부터 완벽한 생활기록부를 갖고 있던 학생도 아니었다. 그러나 그들에게는 '체대학종'이라는 길을 믿고 끝까지 완주하게 만든 결정적인 공통 요소가 있었다.

체대학종은 결코 넘을 수 없는 높은 벽이 아니다. 단지 아직 길을 찾지 못했을 뿐이다. 지금 이 책을 읽고 있는 당신이, 혹은 당신의 자녀가 "나도 될까?"라는 의심을 하고 있다면 나는 단호하고 명확하게 말할 수 있다.

"당신도, 우리 아이도 당당히 '합격자 북콘서트'의 주인공이 될 수 있다."

체대학종은 결코 어려운 전형이 아니다. 단지 당신의 '진심'을 대학이 원하는 방식으로 보여주는 방법을 알면 된다.

합격의 공통 요소, 그리고 그 뒤의 전략

앞선 장에서 우리는 몇 가지 극적인 사례를 살펴보았다. 그러나 그 사례들은 단순히 운이 좋았던 경우가 아니다. 그 학생들은 각자의 약점과 결핍을 자신만의 이야기와 강점으로 승화시켰고, 가장 막막한 순간에 가장 올바른 방향을 선택했다.

그들의 공통점을 살펴보면 여러분이 나아가야 할 길이 보이기 시작할 것이다.

공통점 1. 결핍(부족함)은 최고의 소재가 된다

처음부터 완벽한 학생은 없다. 모두가 부족함 속에서 시작한다.

소심했던 학생, 진로를 늦게 바꾼 학생의 사례를 떠올려 보자. 대학은 완벽한 로봇 같은 학생을 원하지 않는다. 대학이 찾는 학생은 자신의 부족함을 인식하고 그것을 극복하기 위해 노력한 성장 잠재력이 있는 학생이다.

소심함은 주체적 리더십으로,

늦은 시작은 열정적인 몰입으로,

낮은 내신은 왕성한 교내 활동으로 해석될 수 있다.

지금 생활기록부에 부족해 보이는 요소가 많다고 해서 포기할 이유는 없다. 오히려 그 부족함은 대학 진학 이후 어떻게 성장할 수 있는지 보여주는 가장 강력한 증거가 될 수 있다.

다만 중요한 것은 그 부족함을 어떤 방향으로 설정하느냐이다. 만약 그 방향을 스스로 찾기 어렵다면 전문가의 시선을 빌리는 것도 좋은 방법이다.

입시는 냉정하게 말해 전략의 영역이다. 생활기록부 마감 시기를 이해하고, 대학의 평가 기준(사실성·구체성·적극성)에 맞춰 내용을 구성하는 일은 학생과 부모가 모두 해내기에는 전문적인 영역일 수 있다. 그래서 학부모에게 꼭 전하고 싶은 말이 있다.

"어머니가 모든 것을 다 해줄 수는 없습니다."

입시는 이미 정보전의 영역으로 넘어왔다. 특히 체대학종은 아직 널리 알려지지 않은 분야이기 때문에 체대 입시학원 원장이나 현직 교사조차 정확히 알지 못하는 경우가 많다.

아이의 미래가 걸린 중요한 시기에 부모와 학생이 혼자 고민하며 방향을 찾는 것은 비효율적일 수 있다. 때로는 전문가의 도움을 받아 시간을 절약하고 그 시간을 내신 관리나 학업 준비에 투자하는 것이 훨씬 현명한 선택이 될 수 있다.

공통점 3. 끝까지 포기하지 않는 의지

앞서 강조했던 것처럼 생활기록부는 끝까지 완성되는 기록이다. 2월 말 또는 3학년 1학기까지도 내용은 충분히 달라질 수 있다. 합격한 학생들의 공통점은 끝까지 포기하지 않았다는 것이다. 우호적이지 않은 상황에서도 선생님께 활동 내용을 정중하게 전달하고, 생활기록부에 어떻게 반영되었는지 끝까지 확인하는 꼼꼼함과 끈기를 보였다.

나는 항상 이렇게 말한다.

"학종은 끝까지 모른다."

이 말을 믿고 마지막 수시 원서 접수 순간까지 준비한 학생들이 결국 합격했다.

체대학종이 어렵지 않은 이유

여전히 "체대학종은 어려운 전형 아닌가?"라고 생각하는 학생과 학부모를 위해 세 가지 이유를 말하고 싶다.

첫째, 체대학종은 '사람'을 먼저 본다. 정시처럼 점수만으로 줄을 세우는 전형이 아니다. 인성, 협업 능력, 스포츠에 대한 열정이 중요한 평가 요소가 된다. 운동을 좋아하고 활동적인 학생이라면 이미 유리한 출발선에 서 있는 것이다.

둘째, 비교 대상이 상대적으로 적다. 일반 인문자연계 학생부종합 전형보다 체계적으로 체대학종을 준비하는 학생은 많지 않다. 제대로 된 방향으로 생활기록부를 준비한다면 경쟁에서 충분히 두각을 나타낼 수 있다.

셋째, 전문가와 함께라면 지름길을 찾을 수 있다. 대학이 선호하는 탐구 주제, 전공 적합성을 보여주는 활동은 이미 많은 합격 사례 속에서 검증되어 있다. 경험과 데이터를 활용하면 훨씬 빠르게 방향을 찾을 수 있다.

이제 주인공은 당신이다. 매년 체대학종 북콘서트가 끝난 뒤 강연장을 나서기 전 나는 항상 객석을 바라본다. 그곳에는 설렘과 불안이 뒤섞인 표정으로 조금이라도 더 정보를 얻고 싶어 자리를 쉽게 떠나지 못하는 학부모와 학생들이 있다. 나는 그들에게 이렇게 말해주고 싶다.

"당신도, 당신의 자녀도 합격할 수 있습니다."

이 책의 마지막 장을 덮는 당신에게도 같은 응원을 전한다.

합격의 원리를 믿어라. 그리고 그 원리를 따라 노력하는 자신을 믿어라. 생활기록부에 기록된 한 줄 한 줄의 노력은 절대 헛되지 않는다.

만약 길이 험난하게 느껴지거나 방향이 보이지 않는다면 전문가의 도움을 받는 것도 좋은 선택이다. 그것은 패배가 아니라 합격을 향한 현명한 전략이다.

매년 12월에서 2월 사이 발표되는 합격자 명단에서 여러분의 이름을 확인하고 싶다. 그리고 합격자 북콘서트 단상 위에서 이렇게 말하는 당신을 보고 싶다.

"선생님, 저도 결국 해냈습니다."

체대학종은 더 이상 미지의 영역이 아니다. 이미 수많은 선배들이 걸어간 길이며, 이제 그 길 위에 여러분이 서 있다.

당당하게 시작하라. 그리고 설렘을 안고 앞으로 나아가라.

여러분의 꿈을 향한 노력과 부모님의 사랑이 결국 명문 체육대학 합격이라는 값진 결과로 돌아올 것이다.

여러분의 빛나는 꿈, 그 꿈을 위해 모든 것을 쏟아붓는 부모님의 사랑. 그 모든 것을 진심으로 응원한다. 다음 합격 사례의 주인공은 바로 당신이다.

체육 + 학종,
체대학종의 경쟁자는 없다

저물어 가는 산업들이 있다. 현재 사회의 발전 속도를 따라오지 못하는 산업들, 그리고 인공지능(AI)에 의해 대체될 시장들이다. 앞으로의 일자리는 '초격차 사회'라는 말처럼 매우 빠른 속도로 쇠퇴하는 직업군과 성장하는 직업군으로 나뉠 것이다.

우리나라에서 변호사라는 직업은 오랫동안 '지(智)의 상징'이자 매우 유망한 직군으로 여겨져 왔다. 법을 잘 알고 있는 것이 중요했던 시대의 대표적인 직업이었으며, 흔히 말하는 화이트칼라 직업군의 상징적인 직업이기도 했다.

하지만 현재는 'AI가 변호사를 대체할 것이다'라는 말까지 나오고 있다. 실제로 현직 변호사들 역시 AI를 활용하면서 업무 효율이 크게 높아지고 있다. 그 결과 변호사 1인당 처리하는 사건 수는 늘어나고 있지만 법률회사에서의 신규 채용은 줄어들고 있으며,

로스쿨을 졸업하고도 취업하지 못하는 변호사를 찾는 일이 어렵지 않은 상황이다. 이처럼 산업 시장에서는 큰 지각 변동이 일어날 것이 분명하다.

그렇다면 체육 산업 시장은 어떨까?

국내 스포츠 산업 시장을 살펴보면 포스트 코로나 시대 이후, 즉 2020년 이후 5년 연속 성장하며 역대 최대 규모를 기록하고 있다. 2023년 기준 약 81조 원 규모의 산업으로 성장했으며, 가파른 성장세를 이어가 2028년에는 105조 원 이상으로 확대될 것으로 전망되고 있다.

2024년에는 프로야구 관람객이 사상 처음으로 1,000만 명을 돌파했고, 지난해에는 1,200만 명을 넘어서면서 프로 스포츠 관람 문화가 빠르게 확산되고 있다. 동시에 삶의 질을 높이기 위해 직접 운동에 참여하려는 사람들이 늘어나면서 생활체육 및 스포츠 참여 산업 규모 역시 꾸준히 증가하고 있다.

한국에서 2020년 이후 스포츠 산업이 빠르게 성장하면서 스포츠 관련 방송 콘텐츠 역시 폭발적으로 늘어나고 있다. 현재 넷플릭스에는 '피지컬: 100' 시즌 1과 시즌 2를 넘어 '피지컬 아시아'와 같은 콘텐츠가 제작되고 있다. 사람들은 그 프로그램 속에서 인간이 보여 주는 신체 능력과 열정에 감동하고 희열을 느낀다.

앞으로도 'physical'이 주는 가치는 비교할 수 없을 정도로 중요해질 것이며, 로봇이 쉽게 대체할 수 없는 영역으로 남게 될 것이다. 체육이 가진 힘이 바로 여기에 있다.

'physical'은 인간이 인간에게 제공하는 가치이다. 운동이라는 서비스를 통해 사람의 삶의 질을 높여 주는 역할을 한다. 스포츠라는 서비스가 흥미로운 이유는 편리함을 제공하는 서비스가 아니라 오히려 '노력과 고통'을 전제로 하면서 그 과정을 통해 성취감과 만족을 느끼게 해 준다는 점이다.

몸을 움직이며 직접 경험하는 가치뿐만 아니라, 누군가가 몸을 움직이는 모습을 보며 감동과 희열을 느낄 수 있는 산업이 바로 스포츠 산업이다. 이러한 특성 때문에 스포츠 산업은 앞으로도 쉽게 사라지지 않을 것이다.

스포츠 분야를 선택한 것 자체가 자부심이 되는 시대가 올 것이다. 이 시장에 온 것을 환영한다. 체육대학 진학을 결심했다면 스포츠 산업이 앞으로 어떤 평가를 받을 것이며, 자신이 몸담게 될 시장이 어떤 성장 가능성을 가지고 있는지 큰 흐름을 이해할 필요가 있다. 또한 체대 학생부종합전형으로 대학에 진학해 성공하기 위해서는 입시의 큰 흐름 속에서 학종이라는 전형이 얼마나 전도유망한 제도인지도 함께 이해해야 한다.

체대학종을 준비하는 당신에게 사실상 경쟁자는 없다.

학생부종합전형이 대학에 제공하는 가치는 매우 크다. 학종이라는 제도를 한 문장으로 정리하면 '학교라는 사회 안에서 학생이 성장해 온 과정을 기록한 자료를 평가하는 제도'라고 할 수 있다. 다르게 말하면 대학은 과거의 성장 과정을 통해 앞으로도 성장할 가능성이 있는 학생, 대학 이후에도 사회에서 경쟁력을 발휘할 인재를 선발하려 한다는 뜻이다. 즉 사회에서 경쟁력 있는 인재를 길러 내기 위한 제도가 바로 학생부종합전형이다. 따라서 체대학종으로 대학에 합격하는 길은 곧 사회에서 인정받는 길과도 연결된다고 볼 수 있다.

자신이 원하는 꿈을 위해 분야를 선택하고, 그 목표를 이루기 위한 구체적인 계획을 세운 뒤 세부적인 탐구 활동을 기획하고 수행한다. 그 과정을 통해 학교에서 교사들에게 인정과 평가를 받게 된다. 자신의 노력과 그에 따른 결과가 분명히 기록으로 남는다.

이러한 성취감과 성공 경험은 학생부종합전형을 준비하는 과정 자체만으로도 학생들에게 매우 큰 성장 자산이 된다.

지금 당장 체대학종 준비를 시작하라.

앞서 이야기한 것처럼 '체육'과 '학생부종합전형'이 결합된 체대학종의 미래는 매우 밝다고 할 수 있다. 체육대학이 무식하다는 편견을 받던 시대는 이미 오래전에 지나갔다. 운동능력뿐만 아니라 학업 능력, 그리고 뛰어난 사회성을 바탕으로 조직 생활에서도 좋은 성과를 낼 수 있는 인재가 바로 여러분이다.

앞선 내용에서는 체대학종을 준비하며 생활기록부를 채우는 방법, 그리고 자신만의 강점을 드러내는 전략과 분야별 구체적인 팁을 모두 공개했다. 수년간 쌓아 온 체대학종 컨설팅 경험과 데이터를 바탕으로 실제 생활기록부를 어떻게 준비해야 하는지를 실전적으로 설명했다.

이 책을 집필하면서 나는 이 책을 읽는 여러분이 체대학종의 전문가가 되기를 바라는 마음을 담았다. 목차의 흐름을 따라 차근차근 준비한다면 누구든지 이 분야에 대한 이해를 충분히 갖출 수 있을 것이다.

이 책이 학부모님과 학생 모두에게 도움이 되기를 바란다. 아직도 체대학종을 준비할지 고민하고 있는 학생이 있다면 지금 바로 시작하기를 권한다.

여러분이 행동하는 순간 합격에 한 걸음 더 가까워질 것이며, 체대학종이 원하는 인재를 넘어 사회가 필요로 하는 인재로 성장하게 될 것이다.

이제 여러분의 준비는 이미 끝났다. 남은 것은 실행뿐이다.

체대학종으로 대학에 합격하여 선배로서 후배들을 이끌어 갈 수 있는 자랑스러운 체대의 인재로 성장하기를 바란다.